Karl Hauck

Zur Geschichte des Herzogs Lodovico il Moro von Mailand

Karl Hauck

Zur Geschichte des Herzogs Lodovico il Moro von Mailand

ISBN/EAN: 9783742867513

Hergestellt in Europa, USA, Kanada, Australien, Japan

Cover: Foto ©ninafisch / pixelio.de

Manufactured and distributed by brebook publishing software
(www.brebook.com)

Karl Hauck

Zur Geschichte des Herzogs Lodovico il Moro von Mailand

Zur Geschichte
des Herzogs Lodovico il Moro
von Mailand.

Karl Hauck

aus Köln a. Rh.

Köln, 1892.

Druck von Albert Ahn.

Seitdem Ranke 1824 in seiner „Geschichte der romanischen und germanischen Völker" eine eingehendere Darstellung der Geschichte und Beziehungen des Herzogs Lodovico il Moro von Mailand gegeben, ist in deutscher Sprache kein zusammenhängendes Werk über diesen sforzischen Herzog mehr erschienen, wenngleich die deutschen Historiker, welche italische Geschichte schrieben, natürlich stets auch auf diesen Fürsten in ihren Werken Bezug nahmen. In den letzten Jahren sind nun durch italische Forscher zahlreiche Urkunden, besonders aus dem Mailänder und Pariser Archiv ans Licht gezogen und veröffentlicht worden, welche wohl geeignet erscheinen, die Geschichte dieses Herzogs in einigen Punkten völlig zu verändern*). Dazu kommt die endliche Drucklegung jenes hochbedeutsamen Tagebuches (der Diarii) des venezianischen Gesandten und Diplomaten Marino Sanulo, der mit Bienenfleiss Tag für Tag 40 Jahre lang die Ereignisse, von denen er durch seine Stellung Kunde haben musste, sorgfältig aufzeichnete. Von französischer Seite brachte das auf Quellenforschungen beruhende Werk „Delaborde's: L'expédition de Charles VIII. en Italie" manches Neue, sowie mannigfache in Zeitschriften verstreute italische und französische Aufsätze, und so durfte es wohl der Mühe werth erachtet werden, mit Benutzung dieser Publikationen zu versuchen, in der nachfolgenden Schrift einige Beiträge zur Geschichte des genialen Herzogs von Mailand zu liefern.

---

*) In dieser Hinsicht verdient besonders das Quellenwerk Magenta's erwähnt zu werden: Gli Sforza e gli Visconti nel castello di Pavia. Milano 1883.

Einleitung.

Am 26. Dezember 1476 war Mailand in furchtbarer
Aufregung. Der Herzog Galeazzo Maria Sforza war von
drei jungen Leuten, in deren Geiste die Vorlesungen des
Humanisten Cola de Montani über Ruhm und Vaterlands-
liebe, auch über die Befreiung Mailands eine unklare
Begier nach grossen Thaten erweckt hatten, beim Hinaustreten aus der Kirche des hl. Stephan ermordet worden[1]).
Einen der Mörder, Gian Andrea Lampugnani, hatte
die rasende Menge ergriffen, in Stücke gerissen und
den geschändeten Leichnam durch die Strassen der Stadt
geschleift[2]).
Der plötzliche Tod des Herzogs war für Mailand der
Ausgangspunkt unheilvoller Wirren. Denn Galeazzo hatte
einen achtjährigen Knaben hinterlassen, für welchen die
verwittwete Herzogin Bona (aus dem Hause Savoyen) die
Herrschaft zu führen gedachte; ein Plan, der sich hätte
verwirklichen lassen, wären die Brüder des ermordeten
Herzogs nicht gesonnen gewesen, auf jede Weise zu verhindern, dass das Erbe Francesco Sforzas in Frauenhände
gerathe.
Deshalb kehrten jene: Maria Sforza, der Herzog von
Bari und Lodovico Maria Sforza, mit dem Beinamen
„der Mohr"[3]) aus Frankreich, wohin ihr älterer Bruder
sie verbannt hatte, als er ihre Absicht und Pläne auf

[1]) Burkhardt, Kultur der Renaissance I. 42. 58. — Rosmini,
storia di Milano III. 23. Ratti, della famiglia Sforza 46. 49.

[2]) So schreibt die Wittwe des ermordeten Herzogs, Bona
von Savoyen, an den Papst Sixtus IV. noch an demselben Tage.
Arch. stor. lomb. 1890. 943.

[3]) Über die Entstehung dieses Namens vgl. Rusconi, Lodovico il Moro e sua cattura in Novara. 14. f.

seinen Thron wahrgenommen, nach Mailand zurück, sich selbst der Herrschaft zu bemächtigen[1]).

Aber noch war die Stunde des Handelns für die sforzischen Brüder nicht gekommen. Denn an der Spitze der Geschäfte in Mailand stand ein sehr thatkräftiger Mann, der jede aufrührerische Regung wohl zu unterdrücken wusste: Cecco Simonetta, „ein so gelehrter Doktor[2]) und Redner, und auch ein so wyser fürnehmer Mann, dass er, by den vorigen Herzogen von Meyland ob zwanzig Jahr obrister Canzlar, sich so wohl trug, dass er in allem Herzogthum von Jedermann, auch von den Edlen und Gewaltigen, nit minder dann sine Fürsten selbst ward geförchtet[3])".

Einem solchen Manne, der zudem keinen über sich zu dulden vermochte[4]), konnte es nur willkommen sein, wenn seine Gegner, von denen er eine Gefährdung seiner Stellung befürchten musste, ihm zu ihrer Entfernung selbst die Handhabe boten. Und dies geschah.

Simonetta hatte einen Freund der sforzischen Brüder gefangen nehmen und hinrichten lassen; auf diese Nachricht hin, greifen sie zu den Waffen, ein Unglücksfall entmuthigt sie[5]), sie fliehen, und Simonetta geht für diesmal als Sieger aus dem Kampfe hervor[6]).

Auswärtige kriegerische Ereignisse, in welche Mailand sich verwickelte, führten Lodovico nach wenigen Jahren in die Stadt und zugleich zur Herrschaft.

Noch zitterte die Ermordung Galeazzos in den Gemüthern nach, als eine neue, grausere Unthat die italische Welt mit Schrecken und Entsetzen erfüllte: im Dome zu Florenz wurden am 26. April 1478 auf Anstiften des

---

[1]) Ob der dritte Bruder Ascanio, welcher mit diesen beiden verbannt war, auch mit ihnen zurückgekehrt ist, mag dahingestellt bleiben; nur Corio (historia di Milano 985) meldet es, und von ihm hat auch Ranke (Geschichte der roman. u. germ. Völker 15) diese Angabe übernommen.

[2]) Dafür mag auch die Thatsache sprechen, dass er seine Söhne von dem bedeutenden Humanisten Valla (freilich nicht Lorenzo) erziehen liess. Arch. veneto 1891. 205.

[3]) Anshelm, Berner Chronik I. 180.

[4]) Cagnola, storia di Milano in „Arch. italiano" III. 179.

[5]) Ihr achtzehnjähriger Bruder Ottaviano, der an diesem Aufruhr betheiligt war, wollte sich auf der Flucht, da er sich verfolgt glaubte, durch Schwimmen retten und ertrank.

[6]) Cagnola 180.

Geschlechtes der Pazzi, unter Mitwissen und Mitwirken eines der schrecklichsten der Päpste, Sixtus'IV., die beiden Brüder Giuliano und Lorenzo Medici überfallen und Giuliano durch zahlreiche Dolchstiche getödtet, während es dem leicht verwundeten Lorenzo gelang, in die Sakristei zu entkommen und dort sich zu verschliessen.

Die wüthende Menge ergriff die Anstifter und den Erzbischof von Pisa, Francesco Salviati, und knüpfte sie sofort auf; der päpstliche Legat, Rafael Riario, der von der Verschwörung selbst nichts wusste, ward in anständigem Gefängniss gehalten[1]).

Der Papst, der seine sorgfältig ausgearbeiteten Pläne gescheitert und die nach Florenz geschleuderte Bannbulle dort verachtet sah, verband sich mit Neapel und Siena zum Kriege gegen Florenz.

Unter den Staaten, welche Florenz Hülfstruppen senden, befindet sich auch Mailand. Daraufhin verlässt Roberto Sanseverino, welcher an dem Streiche der sforzischen Brüder betheiligt und gleich ihnen gezwungen war, die Stadt zu verlassen, sein widerwillig ertragenes Exil, ergreift die Waffen und schlägt in Ligurien die mailändischen Truppen völlig aufs Haupt[2]).

Lodovico hielt sich vorläufig ruhig. Als aber Trivulzio, der Befehlshaber der herzoglichen Truppen in die Nähe von Pisa kam, wo Lodovico damals weilte, suchte dieser eine Unterredung mit ihm nach, gab ihm die beruhigendsten Zusicherungen und wandte sich auch an Lorenzo Medici, beklagte sich bei ihm über seine Thatlosigkeit und bat ihn dringend, sich doch bei der herzoglichen Regierung für ihn verwenden zu wollen.

Hier tritt uns zuerst der Januskopf Lodovico's entgegen.

Denn während er den Mediceer so inständigst bat, war er zugleich mit Ferdinand von Aragonien, dem Könige von Neapel in Verbindung getreten, um zwischen Neapel, dem Könige von Frankreich und sich selbst eine Liga zu stande zu bringen, welche die Vernichtung Simonetta's sowie Lorenzo's bezweckte[3]).

---

[1]) Delaborde, L'expédition de Charles VIII, 110 ff.
[2]) Dina, Lodovico il Moro prima della sua venuta al governo. Arch. lomb. 1886. 768.
[3]) Magenta, gli Visconti e gli Sforza nel castello di Pavia. II. Doc. CCCXCVII.

Endlich ward er des Harrens überdrüssig. Mit seinem Bruder, dem Herzoge von Bari und Sanseverino brach er gegen Mailand auf, ohne die Unterhandlungen mit der Herzogin zu unterbrechen und nahm, während Mailand, durch die fortwährende Betheuerung seiner guten Absichten irre geführt, sich noch in Sicherheit wiegte, das feste Tortona ein [1]).

Mit dem Schwerte in der Faust, an der Spitze einer kühnen und waghalsigen Rotte sich den Einzug in Mailand zu erzwingen, das waren die Gedanken, auf deren Grundlage Lodovico seine Pläne aufbaute, aber zur Rückkehr aufgefordert und freundlich eingeladen zu werden — solches hatte er auch in seinen verwegensten Träumen nicht zu denken gewagt.

Günstlingswirthschaft am Hofe ist nie zum Vortheile eines Staates gewesen. Das sollte sich auch hier zeigen.

Ein Mensch von dunkler Herkunft und zweifelhafter Vergangenheit, Antonio Tassino, den die Herzogin liebte, hatte aus Hass gegen den Welfen Simonetta, der seinen schädlichen Einfluss auf die Herzogin kannte, und um jeden Preis zu ertödten trachtete, sich schleunigst zum feurigen Ghibellinen herausgebildet und als solcher die Herzogin zu dem folgenschweren Entschlusse bewogen, seinen Parteigenossen Lodovico nach Mailand zu rufen.

Lodovico, dem diese Lösung der Frage seiner Heimkehr nach Mailand die einfachste und angenehmste dünkte, zögerte natürlich nicht, dem Rufe Folge zu leisten und brachte, da sein Bruder, der Herzog von Bari, unterdess (1479) gestorben war, seinen Kriegsgefährten Sanseverino mit.

Auf die Kunde von ihrer Ankunft, welche die Herzogin dem greisen Simonetta erst mittheilen liess, als beide im Schlosse und wohlgeborgen waren, erwiderte dieser mit der kalten Ruhe eines Hoffnungslosen: „Mich wird er tödten, Dich verbannen."

Die Herzogin lachte dieser Befürchtungen. Wie aus den Briefen des florentinsichen Gesandten Pandolfini zu ersehen, war die Neigung und das Vertrauen der Fürstin zu Lodovico grenzenlos [2]).

Simonetta behielt indess Recht mit seinen düstern Vorhersagungen. An ihm selbst erfüllten sie sich zuerst.

---

[1]) Arch. lomb. 1886. 769.
[2]) Arch. lomb. 1886. 770.

Wenige Tage nach Lodovico's Ankunft war der alte
Kanzler aufs schändlichste seines Amtes entsetzt und in
Pavia eingekerkert. Seine langjährigen Erfahrungen sollten
indess auch nach seiner Absetzung dem Herzogthume noch
von Nutzen sein. Denn Lodovico, der wohl zu schätzen
wusste, was Simonetta seinem Hause länger als zwanzig
Jahre gewesen, trug kein Bedenken, von ihm sich Rath
zu erholen, mit ihm sich zu besprechen. Als sich aber im
Volke ein Gemurre erhob, als sei Lodovico selbst ein
verkappter Welfe, liess dieser, das Volk vom Gegentheil
zu überzeugen, Simonetta hinrichten, nicht ohne ihm vorher die Nothwendigkeit seines Todes, als ein Opfer, welches
er dem Volke bringen müsse, mitgetheilt und vielfach
sich entschuldigt zu haben [1]).

Der erste Theil der Prophezeiung war erfüllt; die
Erfüllung des zweiten sollte nicht lange auf sich warten
lassen.

Bei einer Parade bemächtigte sich Lodovico seines
kleinen Neffen und brachte ihn nach Pavia, wo er ihn
wohl hütete, wenige Tage später befand Bona sich auf
dem Wege zu Ludwig XI. von Frankreich und, um keinen
neben sich zu dulden, zwang er auch seinen ehemaligen
Freund und Kameraden Sanseverino, unter dem Vor-
wande, er sei an Galeazzo's Ermordung nicht unschuldig,
Mailand zu verlassen.

Auf die Kunde von den dortigen Vorgängen sandte
Bern unter Anrufung des Königs von Frankreich und des
Fürsten Hans Ludwig von Savoyen . . . . . Briefe und
Boten an ihn und ermahnte ihn ernstlich, die Herzogin
und ihren Sohn in die ihnen zu Recht gehörende Herr-
schaft wieder einzusetzen [2]).

Lodovico beachtete dies natürlich nicht.

Die Vormundschaft über seinen Neffen, Giangaleazzo,
welche er sich selbst übertragen, führte er bis zu dessen
Tode, wenn er auch die äusseren Zeichen der herzoglichen Würde dem Knaben gerne gewährte.

---

[1]) Robinson, „les dames de Milan", Revue internationale 1890.
219. — Welchen Hass man in Mailand gegen Simonetta hegte,
lässt sich auch daraus ersehen, dass das Volk in der Nacht vor
seiner Verhaftung sein Haus plünderte und die Häuser seiner
Anhänger. Magenta 514.
[2]) Anshelm I. 233.

Er hatte die alte Geschichte gelesen und fand zwischen dem jüngeren Kyros und sich selbst eine Aehnlichkeit darin, dass sie beide während der Regierung ihres Vaters geboren seien[1]. Kyros fusste auf dieser Thatsache bei seinen Ansprüchen auf den persischen Thron, warum sollte Lodovico auf Grund derselben Thatsache nicht Herzog von Mailand werden können — in dieser Zeit, in diesem Italien?! Kyros schlugen diese Versuche fehl, warum konnte Lodovico nicht glücklicher sein?!

---

[1] Galeazzo war 1444 in Fermo geboren, als sein Vater Francesco Sforza dort als Privatmann lebte; kaum hatte dieser den herzoglichen Thron bestiegen, so wurde ihm am 3. Aug. 1451 in Vigevano Lodovico geboren. Rusconi 16.

Erster Abschnitt.

Lodovico il Moro wird mit Mailand belehnt.

Das Herzogthum Mailand war von Alters her Lehen des Deutschen Reiches, aber Wenzel hatte es 1395 gegen die Summe von 100000 Dukaten an Giangaleazzo Visconti verschachert, freilich, ohne es aus dem Lehnsverbande zu lösen.

Das Geschlecht der Visconti war am 13. August 1447 mit Filippo Maria ausgestorben.

Nach langwierigen und blutigen Kämpfen um den erledigten Thron wurde schliesslich der tapfere Condottiere Francesco Sforza, der Sohn des Bauern von Cotognola[1]) und durch seine Tapferkeit Schwiegersohn des letzten Visconti, vom Volke zum Herzoge von Mailand ausgerufen.

Ebenso dringend wie vergeblich suchte er seit dieser Zeit bei Kaiser Friedrich III. um Belehnung nach. Aber dieser, dem Wenzels Beispiel warnend vor Augen stand, dessen Absetzung auch mit der Entgliederung des Reiches begründet worden, und der sich deutlich bewusst war, auf wie thönernen Füssen seine ganze Herrschergewalt ruhte, liess sich selbst durch den Klang mailändischer Goldstücke, für die er doch sonst eine grenzenlose Schwäche besass, nicht bewegen, seine Krone leichtsinnig aufs Spiel zu setzen und seine kaiserliche Würde mit der eines mässig begüterten Privatmannes zu vertauschen.

So waren mehr als 40 Jahre ins Land gegangen, und der Kaiser war allen Verlockungen und Versuchungen gegenüber, die von dieser Seite an ihn herantraten, fest und unerschütterlich geblieben. Darum gab sich Lodovico, dessen Ehrgeiz darauf gerichtet war, das Herzogthum

---

[1]) Gregorovius, Geschichte der Stadt Rom VII. 112.

Mailand vom Kaiser zu Lehen zu tragen, mit ihm nicht mehr die Mühe, welche seine Vorgänger sich gegeben hatten. Friedrich war alt, seine Tage neigten sich, in seinem jugendlichen Sohne, in Maximilian, war die aufgehende Sonne zu begrüssen, und auf ihn setzte Lodovico seine Hoffnungen und sah sie und sich nicht getäuscht.

Er liess es sich indess auch etwas kosten. Max war seit elf Jahren Wittwer; als er sich dann wieder zu vermählen gedachte, hatte der französische König Carl VIII. ihm die Braut, Anna von Bretagne, weggeholt. Wie wäre es nun, fragte sich Lodovico, wenn man ihm nebst hoher Mitgift die (trotz ihrer zwanzig Jahre schon viermal Braut gewesene) Schwester des jugendlichen Herzogs, Blanka Maria Sforza, anböte und dafür dann die Belehnung erhalten könne? Er knüpfte dahinzielende Unterhandlungen mit Maximilian an und sie verfehlten ihren Zweck nicht.

Was Maximilian zu dieser Heirath bewogen, ist bis heute noch Geheimniss. Neigung war es nicht[1]); denn Max blieb eben doch allezeit der trauernde Wittwer, der seine Maria von Burgund nicht zu vergessen vermochte.

Drei Gründe sind es besonders, welche man in der Regel als Motive dieses Schrittes anführt. Die reiche Mitgift hat jedenfalls die beabsichtigte Wirkung erzielt. Der stetige Geldmangel im Hause Friedrichs III. konnte es Maximilian nur willkommen erscheinen lassen, 300000 Dukaten — soviel sollte die Mitgift betragen — zu erhalten, um fürderhin nicht mehr auf die Gebelaune des Vaters angewiesen zu sein. Dann mag ihm wohl die Hoffnung vorgeschwebt haben, an Lodovico einen Förderer seiner Orientpolitik und thatkräftige Unterstützung bei dem geplanten Kreuzzuge zu gewinnen und der dritte Grund war der Wunsch, seine männliche Nachkommenschaft, die bisher nur auf einem Sohne beruhte, zu vermehren, und diesen Grund führt er an in einem Schreiben vom 24. Juni 1493[2]).

So liess sich denn Maximilian, der am 19. August 1493 seinem Vater in der Regierung folgte, dazu verleiten, das Ehrbare dem Nützlichen unterzuordnen und Lodovico die Belehnung zu ertheilen. Die Belehnungsurkunde trägt das Datum des 5. Sept. 1494; im Frühling

---

[1]) Ulmann, Kaiser Maximilian I., 220 ff.

[2]) Lünig, cod. dipl. Ital. I. 478.

desselben Jahres hatte die Vermählung von Max und Blanka stattgefunden.

Bevor indess Maximilian diese Urkunde, auf die wir noch zurückkommen werden, ausstellte, hatten seine Hofjuristen die in ihm aufgestiegenen Bedenken, ob es recht sei, mit Umgehung des jugendlichen Herzogs, den Usurpator Lodovico von Reichswegen mit Mailand zu belehnen, zu zerstreuen gewusst. Nach ihrem Gutachten war mit dem Aussterben der Visconti das Lehen an das Reich zurückgefallen und die Thatsache, dass Francesco Sforza sich seiner mit Gewalt bemächtigt habe, ändere daran nichts, dass es eigentlich doch verwaist sei; denn ohne vom Kaiser anerkannt zu sein, habe er und seine Nachfolger dort geherrscht. Niemand könne nun dem Kaiser verwehren, ein verwaistes Lehen zu verleihen, wem er wolle und wenn derjenige, dem der Kaiser es gebe, ein Sforza sei, so erscheine dies lediglich als zufälliges und nebensächliches Zusammentreffen[1]). Daher überträgt die obenerwähnte Belehnungsurkunde auf Lodovico das Herzogthum Mailand nebst den Grafschaften Pavia und Angleria für sich und seine Nachkommen, ohne des jugendlichen Herzogs auch nur mit einer Silbe zu gedenken. Zur Begründung dieser Belehnung war im Wesentlichen das Gutachten der Hofjuristen angeführt und im Rückblick auf Lodovico's bisherige verständige Leitung des Herzogthums die Hoffnung ausgesprochen, dass er auch fürderhin zum Vortheile seiner Unterthanen und nicht geringen Nutzen des hl. römischen Reiches die Regierung führen werde[2]).

Solange Giangaleazzo lebte, konnte Lodovico indess das Glück seiner Belehnung nicht voll und ganz geniessen. Er erschien doch immerhin als Usurpator. Und ausserdem — war Giangaleazzo auch an und für sich ungefährlich, so konnte seine Gemahlin, die leidenschaftliche Isabella von Aragonien, deren „Klagen ganz Italien erfüllten"[3]), ihm, solange ihr Gemahl lebte, gefährlich werden. Wie leicht konnte ein Appell an das Mitleid seine eigenen Unterthanen zum Aufstand reizen, und wie leicht konnten

---

[1]) Rosmini Storia III. 161.
[2]) Lünig 485. 494.
[3]) Villari, Savonarola I. 206.

sich dann wiederum Mörder finden im Solde der verdrängten Regierung, deren Dolchen er nicht mehr zu entgehen vermochte, wie er ihnen vor zehn Jahren entgangen war [1]).

Da starb, Lodovico sehr gelegen, der jugendliche Herzog, und Niemand zweifelte, dass der Oheim seinen Neffen durch Gift getödtet habe, ein Verdacht, dem auch unzweideutig Ausdruck verliehen wurde.

Neuere archivalische Forschungen wollen nun darthun, dass dieser Verdacht, der sich durch die Jahrhunderte ungeschwächt erhalten hat, grundlos, und die Beschuldigungen, die deshalb gegen Lodovico geschleudert worden sind, unberechtigt seien, und so müssen wir auf den Tod Giaganleazzos näher eingehen.

Dieser hatte die Usurpation seiner Herrschaft nie sonderlich herb empfunden; er beschäftigte sich mit harmlosen Vergnügungen, besonders mit Jagen, und führte darüber mit Lodovico einen sehr regen Briefwechsel, den keiner von beiden unterbrechen oder einschlummern lassen wollte [2]).

So lebte er in Pavia, still und zurückgezogen, weil er wusste, dass jedes Hinaustreten in die Öffentlichkeit den Unwillen seines Oheims hervorrief, und diesen wollte er vermeiden.

Um so schwerer empfand Isabella, die Tochter des Königs Ferrante von Neapel das Unwürdige und Erniedrigende ihrer Stellung. Unausgesetzt bestürmte sie ihre neapolitanischen Verwandten, durch Waffengewalt diesem Zustande ein Ende zu machen.

Die Neapolitaner, die Lodovico wegwerfend und verächtlich behandelten, wurden schon deshalb von ihm gehasst; dieser Hass übertrag sich auf Isabella und steigerte sich, seit Lodovico wusste, dass der Umsturz seines Thrones das Ziel und der Zweck neapolitanischer Bestrebungen war. Da nun Lodovico diese Absichten zu durchkreuzen suchte, so hatten die fortgesetzten Wühlereien und Hetzereien Isabellens zur Folge, dass Lodovico seine Bemühungen, den Neffen in völliger Unterthänigkeit zu halten, verschärfte; zur Sicherung seines eigenen Thrones, wie

[1]) Burckhardt I. 57.
[2]) Dina: „Lodovico Sforza, detto il Moro e Giovan Galeazzo Sforza." Arch. lomb. 1884. 738. 739.

wir sehen werden, die Franzosen herbeirief und dadurch
einen Brand entzündete, der nicht nur seinen und den
neapolitanischen Thron verschlang — dessen Flammen dem
Gang der Geschichte auf Jahrhunderte den Weg er-
leuchtet haben.

Bei der tiefgehenden Abneigung, die Lodovico gegen
seine neapolitanischen Verwandten hegte, ist es erklärlich,
dass er alle süditalischen Besuche in Mailand mit grossem
Misstrauen betrachtete und sie aufs schärfste überwachen
liess [1]).

Kurz nachdem Karl VIII. von Frankreich italischen
Boden betreten hatte, starb am 20. Oktober 1494 in Pavia
Giangaleazzo. Auf den französischen Interventionszug
kommen wir später noch zurück.

Der ärztliche Bericht, der uns über den Verlauf der
Krankheit vorliegt [2]), enthält eine Schilderung derselben,
ohne sich irgendwie in eine Erörterung über Entstehung
und Gründe einzulassen.

Wichtiger für unsere Zwecke als dieser Bericht, der
zu der Entscheidung der Frage nach der Schuld Lodovico's
an dem frühen Tode des Herzogs nichts beiträgt, und nur
vom medizinischen Standpunkte aus Interesse zu erwecken
vermag, hier aber trotzdem nicht übergangen werden
durfte, sind zwei Briefe von Dionysius Confalioneri, einem
treuen Diener und Freunde Lodovico's an diesen. Er war
in den letzten Lebenstagen bei dem sterbenden Herzoge
und hat seine Erinnerungen an diese Zeit in jenen zwei
Briefen niedergelegt. Würde die Neigung und das Vertrauen, welches Giangaleazzo seinem Oheim entgenbrachte,
hinreichen, diesen von jeglicher Schuld zu entlasten, dann
wären die Briefe ein Beweis, vor welchem auch die
schwersten Anklagen verstummen müssten.

Denn es ist ergreifend zu lesen, wie harmlos und
kindlich, ja zärtlich der junge Herzog auf seinem Krankenlager, welches ihm zum Sterbebette werden sollte, Lodovico's gedenkt, wie er sich durch Confalioneri von der
Liebe seines Oheims, von der Antheilnahme, die dieser
seiner Krankheit spende, überzeugen lässt [3]).

Und als sein Leben sich dem Ende zuneigte, da liess

---

[1]) Arch. lomb. 1884. 737.
[2]) Magenta II. Doc. CCCCLV.
[3]) Magenta II. 537.

er sich nochmals die Geschenke Lodovico's bringen, und mit schon erkaltender Hand streichelte er die Hunde, welche der Oheim ihm einst verehrt hatte [1].

Niemals, selbst nicht in seinen Fieberphantasien, kam ihm der Gedanke, Lodovico habe seinen frühen Tod veranlasst. Hatte er ihn doch stets zärtlich geliebt und nie die Macht begehrt, die jener für sich in Anspruch nahm. Zu dem tödtlichen Ausgange seiner Krankheit trug er selbst dadurch nicht wenig bei, dass er die Vorschriften seiner Ärzte, deren Ruf in jeder Beziehung makellos ist, auch nicht im Geringsten befolgte [2].

Es ist, als habe er seinen Willen, den er nie im Leben bethätigen konnte, jetzt, im Angesichte des Todes durchsetzen wollen, unbekümmert, ob sein Dasein um etliche Pulsschläge gekürzt werde.

Und so starb er, nachdem er gebeichtet hatte, sanft und ruhig in der Nacht des 20. Oktober 1494 in Pavia. Sein Tod erschütterte alle Gemüther in Italien und Hass und Abneigung lastete auf Lodovico, dem Mörder des „unschuldig geopferten Lammes."

Nahrung fanden diese Gerüchte an der unsagbaren Herrschlust Lodovico's, an den damaligen italischen Verhältnissen. War es doch die Zeit, welcher Alexander VI. und sein würdiger Sohn Cesare Borgia das Gepräge verlieh. Dazu kam die Rücksichtslosigkeit, mit der Lodovico — wenigstens in den Augen der Welt — seinen Neffen behandelt hatte, so dass Isabella ihrem Vater in einem (oft angeführten) Briefe schreiben konnte: „Während sein Kind zum Grafen von Pavia ernannt ist, sind wir und die Unsern stets in Verachtung, ja in Lebensgefahr." Das war übertrieben.

Eine Schuld Lodovico's mag freilich darin gefunden werden, dass er zuliess, vielleicht sogar befahl, den Herzog auf den Weg der Leidenschaft zu führen, wodurch sein zarter Körper, dessen Kraft kalte Fieberanfälle bereits im Knabenalter angegriffen und untergraben hatten [3]), völlig zerrüttelt wurde.

Lodovico, auf welchen diese Verdächtigungen ihren Eindruck nun doch nicht verfehlten, fühlte sich zur Recht-

---

[1] ibid.
[2] ibid.
[3] Magenta I. 535.

fertigung verpflichtet und sandte eine Apologie seiner selbst an seinen Freund, den Bischof von Brixen [1]).

Im Eingange des Schriftstückes dankte er dem Bischof für die Freundschaft, die er ihm dadurch erwiesen, dass er sich zum Vertheidiger und Schützer seiner Schuldlosigkeit gemacht habe gegenüber jenen, die da behaupten, der Herzog sei keines natürlichen Todes gestorben. Er fürchtet, diese Gerüchte könnten, falls sie zu den Ohren des römischen Königs dringen würden, dort auf fruchtbaren Boden fallen (was allerdings nachher auch geschah) und bittet daher seinen bischöflichen Freund, wenn's Noth thue, auch dort seine Sache zu vertreten. Dann giebt er eine Schilderung der Krankheit, sagt, dass die Ärzte selbst sie anfänglich nicht für gefährlich erachtet hätten und fügt hinzu, dass er seiner verwandtschaftlichen Pflicht dadurch nachgekommen sei, dass er auf eine sorgsame und gute Behandlung von Seiten der Ärzte geachtet habe . . . . . „Kennen Ew. Hochehrwürden mich als einen Mann, der aus Herrschsucht seine Ehre aufopfern und der ganzen Welt fluchwürdig erscheinen wolle? Nie, und wenn ich die Herrschaft einer Welt erwerben könnte. Denn nichts lag mir ferner, als auf den Tod eines Neffen zu sinnen, welchen ich stets mit väterlicher Liebe geliebt habe, oder auf das Verderben jener, deren glühenden Hass gegen mich ich wohl kenne." . . . . Daher solle der Bischof fortfahren, unerschrocken seine Rechtlichkeit zu vertheidigen, denn er stehe im Kampfe für den Freund und für die Wahrheit.

Diesen Berichten, welche an und für sich den beabsichtigten Erfolg einer Entlastung Lodovico's wohl zu erreichen vermöchten, widerspricht das Geständniss des herzoglichen Astrologen Marco Ambrosio da Rosato, der etliche Jahre später, als Lodovico's Thron in Mailand zusammengebrochen und der Astrologe trotz seiner Verkleidung gefangen genommen war, dem Bischofe von Como bekannte, selbst das Gift an Giangaleazzo gegeben zu haben [2]).

---

[1]) Magenta II. Doc. CCCCLX.

[2]) Sanuto, Diarii II. 1318 . . . ha nove: come Marco Ambrosio da Rosato astrologo dil Signor Lodovico, era sta preso a Milan in habito di frate in uno monasterio di San Francesco, quel fu menato davanti lo episcopo di Como, e in la sua caxa ha con fessato haver dato lui el velen al ducha Zuam Galeazo, unde quel Signor morite.

Es ist demnach bei diesen hin- und herschwankenden
Gerüchten wohl unmöglich die Schuld oder Unschuld
Lodovico's als feststehend anzunehmen.

Auf die Nachricht von dem Tode Giangaleazzos begab
sich Lodovico von Piacenza, wo er mit Carl VIII. weilte,
sofort nach Mailand, ohne vorher, wie er auf die Kunde
von der Erkrankung des Herzogs beabsichtigt hatte, in
Pavia seine Reise zu unterbrechen. Und obwohl er die
Herrschaft jetzt sicher in Händen hielt, und es Niemanden
gab, der sie ihm ernstlich streitig machen konnte und
wollte, glaubte er dennoch eine lächerliche Komödie auf-
führen zu müssen. Am Beisetzungstage des jungen Herzogs, am 22. Oktober, versammelten sich 200 Edle im
Schlosse und riefen in richtiger Erkenntniss und Würdi-
gung der Wünsche Lodovico's, welcher den jungen Sohn
des Verstorbenen zum Herzoge vorschlug, ihn selbst dazu
aus, dem Schatzmeister Marliano beistimmend, der in so
schweren Zeiten einen Mann und kein Kind an der Spitze
des Staates sehen wollte[1]).

Nachdem dies auf so einfache Weise gelungen war, wollte
Lodovico sich und seine Würde vom Volke sanktioniren
lassen, wie es die bisher beobachteten alten Gebräuche
mit sich brachten. In Goldbrokat gekleidet, ritt er zur
Kirche des hl. Ambrosius, auf stattlichem Rosse, begleitet
vom Beifallgeschrei seiner Umgebung.[2])

Des Volkes bemächtigte sich ein tiefes Erstaunen.
Wieviele verwünschten ihn als Mörder und ahnten schwere
Zeiten unter der drückenden Herrschaft eines Tyrannen!
Offenen Widerspruch oder gar Widerstand wagte indess
Niemand[3]).

Die Nachricht von der kaiserlichen Belehnung war
eben noch nicht bekannt und keiner wusste, dass Lodovico
heimlich vor Notar und Zeugen erklärt hatte, kraft dieser
Belehnung trete er die Herrschaft an und thatsächlich
wagte er auch den Herzogstitel erst zu führen, als ihm
seine Gesandten die kaiserliche Bestätigung überbrachten,
was sich bis in den Mai des folgenden Jahres verzögerte[4]).

---

[1]) Florus Navagero bei Muratori 23. 201. Ranke 28.
[2]) Corio 1071. Rosmini Storia 174.
[3]) Rosmini ibid.
[4]) Magenta I. 520.

Seine Erwählung zum Herzog theilte er noch am gleichen Tage seinem Freunde und Schwager, dem Marchese Francesco Gonzaga, und dessen Gemahlin Isabella mit, wie er ihnen Tags vorher in unendlichem Schmerze (incredibile dolore) den Tod des Herzogs mitgetheilt hatte [1]). Zu jenen, welche ihn zu der Erwählung beglückwünschten, gehörte auch der König von Neapel [2]). Durch diesen prunkvollen Umritt erfuhr auch Isabella, die verwittwete Herzogin, das Geschehene. Sie befand sich in beklagenswerthem Zustande. Alles, was der Verstorbene gelitten, trat ihr mit jener Deutlichkeit vor die Seele, welche der Zeit nach dem Hinscheiden eines geliebten Menschen eigen ist; gesteigert ward ihre Trauer, als sie auch ihrem Sohne Francesco die Herrschaft entrissen sah, wenn sie die Gefahren erwog, die durch den Zug des französischen Königs dem Throne ihrer Verwandten drohte, dazu kam ihre Schwangerschaft — alles vereinigte sich, sie niederzuwerfen [3]).

Heftige Fieber schüttelten sie, aber sie weigerte sich, irgendwie etwas für sich zu thun. In dunklem Gemache verbrachte sie die Zeit nach dem Tode ihres Gatten, mit ihren Kindern seinen Tod beklagend [4]).

Die Theilnahme ganz Italiens, die sich am Tage der kirchlichen Todtenfeier, am 27. Oktober, aufs überwältigendste zeigte, konnte ihr einen geringen Trost gewähren. Da füllte eine zahllose Menge die hohen Hallen des Domes, von den Gesandten der fremden Mächte bis hinab zu dem einfachen und schlichten Manne aus dem Volke [5]). Diese Theilnahme machte Lodovico doch besorgt und er fürchtete, die Folgen solch allgemeinen Schmerzes könnten ihm und seiner Herrschaft gefährlich werden. Daher schien es ihm weit rathsamer, wenn Isabella, von ihm beaufsichtigt, in Mailand lebte, und so forderte er ihre Übersiedelung, doch dauerte es bis zum 6. Dezember, ehe Isabella sich ent-

---

[1]) Alessandro Luzio und Rudolfo Renier „delle relazioni di Isabella d'Este Gonzaga con Lodovico e Beatr. Sforza."
[2]) Sanuto spedizione di Carlo VIII. 117.
[3]) Arch. lomb. ibid.
[4]) Vgl. den Brief Isabellens von Mantua an ihren Gemahl. Arch. lomb. 1890. 619.
[5]) Magenta I. 544.

schloss, den Mahnungen und Forderungen Lodovico's sich zu fügen [1]).

Dringender waren die Mahnungen geworden, seit Lodovico Kunde erhalten hatte von einem Briefwechsel zwischen dem römischen Könige und den beiden verwittweten Herzoginnen in Pavia, Bona und Isabella, in welchem diese dem römischen Könige ihre traurige Lage vorgestellt und ihn um Hülfe angefleht hatten [2]).

So verliess denn Isabella das Schloss zu Pavia, in welchem sie die Jahre ihrer Ehe verlebt hatte, und begab sich nach Mailand. Zwei Meilen vor der Stadt kam ihr Beatrix d'Este, dieGemahlin Lodovico's entgegen und beklagte mit ihr den Tod des Herzogs. Am Eingange des Schlossparks empfing Lodovico, umgeben von den Edlen seines Hofes, die tief Trauernde; sie aber achtete des glänzenden Empfanges nicht, sondern begab sich sofort in ihre Gemächer, völlig versunken in das Andenken an den theuren Todten [3]).

Da mochten ihr wohl die Bilder einer herrlichen Vergangenheit vor die Seele treten, wenn sie des Tages gedachte, da sie zuerst in Mailand eingezogen, strahlend in Schönheit und Jugend und Glück, zur Seite des geliebten Gatten, wenn sie sich der Feste erinnerte, die ihr zu Ehren von Leonardo da Vinci veranstaltet waren. Was war ihr geblieben von all dem Glanz und Schimmer!

Von den Gerüchten, dass der junge Herzog nicht ohne Mitwissen Lodovico's gestorben sei, war auch der deutsche Hof nicht unberührt geblieben. Besonders Blanka beklagte den frühen Tod ihres Bruders aufs bitterste und wusste ihren Gemahl völlig gegen Lodovico einzunehmen Der Groll des römischen Königs war indess bald beschwichtigt. Was konnte ihm daran liegen, ob in Italien wieder einmal ein Fürst durch die Ränke herrschsüchtiger Verwandten getödtet war, und das äusserst kühle Verhältniss zu seiner Gemahlin liess ihn nicht allzuoft in die Lage kommen, ihre Thränen sehen und sie in ihrem Schmerze trösten zu müssen. Für ihn war Mailand das grosse Bankhaus, dessen er bedurfte, und er brauchte

---

[1]) Magenta I. 545. 546.

[2]) Sanuto spediz. 175. 200. Ulmann 226.

[3]) Magenta I. a. a. O.; Arch. lomb. a. a. O. 1890. 399, wo ein ausführlicher Bericht über diesen Empfang.

Lodovico zu nothwendig, um lange dem Groll gegen ihn nachhängen zu können. Lodovico wusste der Stimmung seines königlichen Freundes trefflich Rechnung zu tragen. Er unterliess nichts, diesen von seinem tiefen Schmerze zu überzeugen und bot schliesslich, Friede und Freundschaft zwischen ihnen wieder zu befestigen, dem römischen König 200000 Dukaten an für die Investitur, ein Preis, für welchen Maximilian sie ihm auch ertheilte, ohne sich durch die Einsprüche des französischen Königs beirren zu lassen [1]).

So schickte Lodovico seine Gesandten nach Worms, und dort nahmen diese „nicht ohne grosse Menge Gold [2])" die durch Willebriefe der Kurfürsten bestätigte Belehnung ihres Gebieters auf Lebenszeit (ad dies vitae suae) entgegen [3]). Die Kurfürsten hatten dabei den Vorbehalt gemacht, dass nach Lodovico's Tode das Herzogthum wieder an das Reich zurückfallen und durch neue Belehnung vergeben werden solle [4]). Bisher hatte Lodovico sich „König der Insubrer" genannt; jetzt nahm er den Herzogstitel an [5]). Im April 1495 schwuren seine Gesandten dem Könige Maximilian Treue im Namen ihres Herrn und erhielten am 6. ds. Mts. von dem Könige, der sich wenig um das Wollen oder Nichtwollen seiner Kurfürsten kümmerte, die Investitur für Lodovico und seine Erben [6]).

Man hoffte aus dieser Belehnung Jahre des Friedens für Italien erwachsen zu sehen [7]), und wie sollte man sich täuschen.

Am 26. Mai wurde Lodovico durch die Abgesandten des römischen Königs feierlich mit dem Herzogthum Mailand belehnt, nachdem Lodovico's Astrologe die ursprünglich auf den 24. festgesetzte Feier durch seinen Widerspruch verhindert hatte [8]).

Die Festrede hielt der berühmte Rechtslehrer Jason Maynus, die Gesandten aller italischen Staaten und Städte

---

[1]) Malipiero, annali veneti it arch. stor. ital. VII. 340.
[2]) San. sped. 312.
[3]) Lünig 494 ff.
[4]) San. sped. 348.
[5]) Magenta I. 547.
[6]) San. spediz. 312.
[7]) ibid.
[8]) San. 353 ff. schildert diese Feier in allen Einzelheiten.

nahmen Theil. Am 28. Mai griff Lodovico, der mit den Gesandten Maximilians, dem schon obenerwähnten Bischofe von Brixen, und Konrad von Buschen nach Pavia gegangen war, auch von dieser Grafschaft Besitz[1]).

In einem Briefe an ihre Schwester Isabella von Mantua nennt Beatrice dies das schönste Fest, welches sie je gesehen habe[2]).

Am 25. Sept. verpflichtete Maximilian den neuen Herzog von Mailand von Antwerpen aus, dem hinterlassenen Sohne Giangaleazzo's, Francesco, eine jährliche Rente von 12000 Dukaten zu zahlen, als Ergänzung zu der Belehnungsurkunde vom 5. Sept. 1494, in welcher der Fall vorgesehen war, dass Giaugaleazzo Söhne hinterlasse[3]).

Die Kurfürsten, welche zu spät erfahren hatten, dass Maximilian das Herzogthum Mailand als erbliches Lehen an Lodovico gegeben, protestierten am 30. Juni 1495 gegen diese unklausulirte Belehnung und gestanden nochmals nur Lodovico das Herzogthum zu[4]).

Im Einklange mit dieser Verwahrung steht die Rede Bertholds von Henneberg, des Kurfürsten von Mainz, am 6. Mai 1497, worin er den Reichsverfall heftig beklagt und besonders diese Belehnung aufs schärfste verurtheilt[5]).

Dass sie mit solchen Protesten ins Wasser schlugen, haben sich die Kurfürsten wohl selbst nicht verhehlt.

---

[1]) Magenta I. 547.
[2]) San. 353.
[3]) Lünig a. a. O. Du Mont corps dipl. III. 333 ff.
[4]) Görz, Regesten der Erzbischöfe von Trier I. 295.
[5]) Janssen, Reichskorrespondenz II. 604.

Übersicht über die mailändischen Ereignisse von dem Zuge Karls VIII. bis zur Thronbesteigung Ludwigs XII.

Das Jahr 1492 hat eine weltgeschichtlich hohe Bedeutung. Das gleiche Jahr, welches in Rom einem der verworfensten Päpste die dreifache Krone aufs Haupt setzte, hörte in Spanien den Zusammenbruch des maurischen Reiches, sah im fernen Westen eine neue Welt aus dem Ocean hervorsteigen und in Frankreich einen Fürsten die Fesseln der Vormundschaft abwerfen, der bald ganz Europa mit seinem Namen erfüllen sollte. Dieser Fürst war Karl VIII., für welchen seit dem 30. Aug. 1483 seine Mutter regiert hatte, der aber jetzt selber die Zügel der Herrschaft ergriff, um die Träume und Gedanken seiner Knaben- und Jugendjahre zu verwirklichen.

Gleich seinem östlichen Nachbar, dem römischen Könige, war auch er etliche hundert Jahre zu spät geboren. Auch er lebte und webte nur in romantischen Ideen und Träumen, und gab sich wie dieser dem Glauben und der Hoffnung hin, die Weltgeschichte zurückschrauben und wiederum ausziehen zu können im Dienste des Kreuzes zum Kampfe gegen die Ungläubigen.

Vorläufig musste er indess seine Kreuzzugsgedanken noch unterdrücken, denn die innere Zerrissenheit Frankreichs liess es weit wünschenswerther erscheinen, zuerst hier die bessernde Hand anzulegen, als phantastischen Ideen nachzujagen und für eine Sache sich schlagen zu wollen, die längst todt und begraben war.

So verschob er seinen Zug ins hl. Land, aber er gab ihn nicht auf. Einen sichern Stützpunkt für seine Unternehmungen glaubte er an Neapel zu besitzen, hinsichtlich dessen er durch die Grossen seines Parlamentes und etliche Rechtsgelehrte erklären und verbreiten liess, er habe auf dieses Land berechtigte Ansprüche [1]).

Er beschäftigte sich bereits mit dem Gedanken einer Wiederaufrichtung des griechischen Kaiserreichs und liess zu diesem Zwecke auf seine Kosten einen Paläologen aus Konstantinopel kommen, wegen einiger Punkte, die das Wohl „seines Reiches" beträfen. Wie genügsam erscheinen neben dieser Ländergier die Eroberungspläne Ludwigs XIV!

Um ungehindert gegen Neapel ziehen zu können, musste Karl Fühlung mit Lodovico, dem Herrn Ober-italiens, zu gewinnen suchen. Und dieser kam ihm weit entgegen. Wir haben schon gezeigt, dass Isabella ihre neapolitanischen Verwandten gegen Lodovico aufreizte, so dass dieser besorgt wurde, zumal er wusste, dass sich eine Flotte sammle, die gegen ihn auslaufen sollte, und daher sah er sich nach fremder Hülfe um [2]).

Durch Gesandte, die er an Karl schickte, traf er eine Abmachung mit ihm, auf Grund deren ihm nicht nur der mailändische Besitz garantirt, sondern auch nach sieg-reichem Kampfe Tarent zugesprochen wurde; dafür ver-pflichtete Lodovico sich, Karl den Durchzug durch mai-ländisches Gebiet zu gestatten und ihn mit Mannschaft, Geld und der genuesischen Flotte — Genua war seit 1488 mailändisch — zu unterstützen [3]).

Trotz dieser Abmachungen fürchtete Lodovico die neapolitanische Unternehmung Karls [4]), und verfiel, um sich zu schützen, auf den Gedanken, Maximilian zu ver-anlassen, zwischen Karl und Neapel zu vermitteln, so dass ein Friede zwischen beiden zu Stande käme, und Karl auf diese Weise von dem italischen Boden ferngehalten werde.

Wir können hier auf den Verlauf dieser Verhandlungen nicht näher eingehen: ihr Ergebniss war, dass Max die Ansprüche Karls auf Neapel anerkannte [5]).

---

[1]) Rosmini, istoria . . di J. J. Trivulzio II. 194.
[2]) Corio 1067.
[3]) Verri, storia di Milano II. 84.
[4]) Vgl. Ulmann 232.
[5]) Über die Verhandlungen vgl. Ulmann 233. 269 ff.

Welches war nun die Stimmung Italiens bei der Kunde von Karls italischem Zuge? Die kleineren Grenzfürsten erklärten sich für ihn, gegen ihn die grösseren Staaten; die Völker begrüssten die feindliche Invasion mit endlosem Jubel, sie nannten die fremden Eroberer nicht ihre Befreier, sondern ihre „Heiligen" [1]).

In Florenz, wo Pietro de Medici die Aufforderung Karls, sich ihm anzuschliessen, verbindlich, aber entschieden abgelehnt hatte, predigte Savonarola glühend, fanatisch begeistert bei der Ankunft der Franzosen, er lud den neuen Cyrus ein, die Alpen zu übersteigen und wusste das Volk dermassen mit sich fortzureissen, dass dieses sich auf die Kunde von Karls Heranrücken gegen Pietro auflehnte und ihn aus der Stadt vertrieb.

In der Phantasie der Italiener lebte das Idealbild eines grossen, weisen und gerechten Retters und Herrschers, nur war es nicht mehr wie bei Dante der Kaiser, sondern der capetingische König von Frankreich [2]).

Wohl gab es auch einzelne Geister, welche die französische Unterjochung voraussahen und ihre Warnungsrufe erhoben — aber man achtete nicht auf sie. So liess Jovianus Pontanus in seinem „Charon" den Aeakus von der Unterwerfung Italiens unter die Botmässigkeit eines Einzelnen reden und den Merkur hinzufügen, dass nicht von Asien oder Griechenland (gemeint sind unter dieser Verkleidung die Türken), sondern von Frankreich und Deutschland Italien stetig Gefahr drohe [3]). Und auf dem Carrousselplatze in Mailand rief ein blinder Augustinermönch dem vorüberschreitenden Herzog Lodovico zu: Herr, zeige den Weg ihnen nicht, denn Du wirst es bereuen [4]).

Des Papstes haben wir noch nicht gedacht. Dieser, der einst im Zwist mit dem Könige von Neapel Karl VIII. und Maximilian zum Zuge nach Italien aufgefordert hatte [5]),

---

[1]) Bei Commines cap. 10. vgl. Burckhardt I. 89.
[2]) Burckhardt I. 90.
[3]) Burckhardt 91.
[4]) Signore, non li Mostrare la Via, perchè tu te ne pentirai. Prato. Arch. stor. ital. III. 251.
[5]) Diario della città di Roma secolo XV. 1890 295. „Lo papa e lo colleio incitò l'imperator Massimiliano e anco lo re di Francia che dovessius venire ad pigłiare l'impresa contro dello ditto re di Napoli, con prometterli acuto" .... 1494.

sah dem Erscheinen der Franzosen nun doch mit gemischten Gefühlen entgegen; aber seine Bemühungen, den französischen König zurückzuhalten, vereitelte Lodovico, der ihn dringend aufforderte, nach Italien hinabzusteigen, ehe sich dort eine Liga gegen ihn gebildet habe. Daher brach Karl am 29. August 1494 von Grenoble auf[1]), beachtete die neapolitanischen Gesandten nicht, welche ihn friedesuchend an der Grenze erwarteten[2]), sondern stieg hinab in das Land seiner Träume und Schwärmereien. Am 11. September 1494 ward er in der Nähe von Asti, auf einem Lustschlosse Lodovico's, Annone, von diesem und seiner Gemahlin begrüsst[3]).

Nach einem längeren unfreiwilligen Aufenthalte Karls in Asti — er war dort an den Pocken erkrankt — zog er weiter und gelangte am 14. Oktober 1494 nach Pavia. In Asti hatte er zur lebhaften Beunruhigung Lodovico's den Herzog von Orleans zurückgelassen.

Er kam nach Pavia in eben jenen Tagen, da der Herzog Giangaleazzo auf den Tod erkrankt darniederlag. Mit allen Miteln suchte Lodovico den König seinem Neffen fern zu halten; seine Absicht, ihm eine Wohnung in der Stadt zu bereiten, scheiterte indess an dem bestimmt ausgesprochenen Verlangen Karls, im herzoglichen Palaste selbst abzusteigen. Vor dem Eintritte ins Schloss liess er sich von dem allerdings etwas erstaunten Gastgeber alle Schlüssel übergeben und besetzte sämtliche Wachen mit seinen Soldaten[4]).

Noch am Abend seiner Ankunft begab er sich zur Altherzogin Bona, seiner Tante und besuchte in der Frühe des 15. Oktober das Krankenlager seines Vetters, des sterbenden Herzogs. Lodovico und Isabella waren zugegen[5]); obwohl letztere sich anfänglich geweigert hatte, den französischen König zu sehen. Dem Drängen Lodovico's musste sie nachgeben.

---

[1]) Ranke 26.

[2]) Corio 1056.

[3]) Delaborde 399. 400. Béatrice d'Este avait suivi son mari à Annone. Elle y reçut Charles VIII avec une grande magnificence ...

[4]) Delaborde 418. Charles se fit remettre toutes les clefs avant d'entrer ... il établit aux portes une double garde de ses propres soldats ....

[5]) Delaborde 418.

So trat also Karl an das Bett des Herzogs. Entkräftet und dem Tode nah, vermochte er sein Lager nicht zu verlassen und entschuldigte sich in kindlich ergreifender Weise, dass er dem Könige nicht habe entgegenziehen können, er sei aber so gar krank. Indess biete er dem Könige sich und die Seinen dar[1]). Erschüttert schloss Karl den kleinen Sohn in die Arme, ermunterte den Herzog, guten Muthes zu sein[2]), und versprach, den Knaben als seinen eigenen Sohn zu betrachten[3]).

Ueber die flehentlichen Bitten Isabellens, ihre Verwandten zu schonen, ging Karl mit einigen galanten Worten hinweg[4]). Optimisten von damals glaubten, dass nach diesem Besuche, durch den der König scheinbar so erschüttert war, der Streitfall mit Neapel durch einen Vergleich aus der Welt geschäfft werde, sie täuschten sich indess[5]).

Auf das Drängen Lodovico's hin verliess Karl bereits am 17. Oktober Pavia. — Lodovico gelüstete nicht nach einer Widerholung der Scene des 15.[6]).

Er begleitete den französischen König. In Piacenza, wo sie am 18. Oktober eingezogen waren und einige Tage zu bleiben beschlossen, erfuhren sie den Tod des Herzogs. Den Zeitgenossen graute vor dem Mörder; das Heer Karls war empört, man sah, mit welchem Manne der König sich verbündet, nur Karl, wie sehr er dem Herzoge auch misstraute, schien diese Gedanken und Gefühle nicht zu theilen[7]).

Der Herzog von Orleans, welcher, wie wir gesehen, zu Asti geblieben war und als Erbe der Valentina Visconti Ansprüche machte auf das Herzogthum Mailand, wovon wir noch zu reden haben werden, drang in den König, Lodovico gefangenzunehmen und sich damit die Eroberung Mailands zu erleichtern[8]).

---

[1]) Ranke 27.
[2]) ibid.
[3]) Delaborde 418.
[4]) ibid., Magenta I. 537.
[5]) Desjardins bei Delaborde 419.
[6]) Delaborde 420.
[7]) Villari I. 220.
[8]) Cantù: gli sforza e Carlo VIII. Arch. stor. lomb. 1888. 341.

Diesen Rath befolgte Karl nicht. Aber auf die Nachricht von dem Tode Giangaleazzos liess er glänzende Leichenfeierlichkeiten veranstalten und ehrte mit Seelenmessen und Almosen das Andenken des so früh Dahingeschiedenen. Lodovico, um im Einklange mit Karl zu bleiben, that desgleichen, nicht weil der Herzog regiert, sondern weil er den Titel geführt hatte.

Karls Zug ging weiter nach Florenz. Lodovico, der auf die Kunde von dem Tode seines Neffen den König eiligst verlassen hatte, um in Mailand jene Komödie zu spielen, deren wir oben gedacht haben, hatte sich unterdessen wieder mit Karl vereint und zog mit ihm in Florenz ein [1]).

Hier verliess er den König endgültig und begab sich über Piacenza und Lodi nach Mailand zurück. Dorthin schickte Genua Gesandte, dem neuen Herzog Treue zu schwören, und so machten es alle Stadtgemeinden und Orte des herzoglichen Gebietes [2]).

Auch wir können den Zug Karls hier verlassen und uns damit begnügen, nur in grossen Zügen seine Richtung und seinen Verlauf anzugeben, bis zu jenem Zeitpunkt, wo die Geschichte Mailands und seines Herzogs wieder in ihn eingreift.

Von Florenz zog Karl weiter und unter dem Freudengeschrei des Volkes am letzten Tage des Jahres 1494 in die ewige Stadt ein. Dort enttäuschte er den geängsteten Papst, der ein Reform-Konzil von ihm erwartete und statt dessen Obedienzleistungen jeglicher Art empfing, auf's angenehmste, blieb 4 Wochen dort, rückte dann weiter vor, und nahm ohne jeglichen Widerstand das Königreich Neapel ein. Der König Alfonso, seiner Grausamkeiten und Sünden eingedenk, war vor dem heranrückenden Gegner geflohen [3]).

Ein behaglicher Aufenthalt war Karl in Neapel freilich nicht gegönnt. Denn Lodovico hegte die Furcht, Karl könne und werde sich, da der Angriff auf Neapel so glücklich von Statten gegangen, nun gegen das Herzogthum Mailand wenden. Zugleich sah er mit Besorgniss,

---

[1]) Cagnola 192.

[2]) ibid.

[3]) Deshalb drohte Sannazaro, ein Dichter der ital. Renaissance, ihm mit ewiger Obscurität. Burckhardt I. 164.

dass sich in dem Heere des Königs viele Genuesen und
Lombarden befanden und geradezu mit Schrecken, dass
sein persönlicher Gegner, Gian Jacopo Trivulzio in französische Dienste getreten war.

Dazu kam, dass Karl den Gelüsten des Herzogs von
Orleans auf Mailand nicht gerade feindlich gegenüberstand
und dem Herzoge von Mailand den Vertrag nicht gehalten
— kurz, es galt, schleunigst Gegenmassregeln zu ergreifen,
um den Gefahren zu begegnen, welche, wie Lodovico
glaubte, ihm von dieser Seite drohten.

Während Karl am Fusse des Vesuv schwärmerische
Briefe schrieb[1]), bildete sich in Italien unter Führung und
auf Anstiften Lodovico's eine Liga gegen ihn, deren Theilnehmer: der Papst (daher der Name „hl. Liga"), der römische König, Spanien, Venedig und Mailand sich verpflichteten, die Christenheit gegen die Türken zu vertheidigen, die Integrität Italiens und der verbündeten Staaten
aufrecht zu erhalten und ein Heer von 34 000 Fusssoldaten
und 20 000 Reitern zu stellen. Geschlossen wurde der
Bund auf 25 Jahre, er hielt kaum ein halbes Jahr.

Lodovico liess diese Abmachung auch den Eidgenossen
mittheilen, indem er sie dringend bat, als seine liebsten
Verbündeten, ihr beizutreten[2]).

Darauf sandte man Botschaft an den König von
Frankreich und liess ihn hoch mahnen, der hl. römischen
Kirche zuvor und dem König von Neapel alles Entzogene
wiederzugeben, den angethanen Schaden zu ersetzen....
und den Türkenzug, wie versprochen und vorgegeben,
zu beginnen[3]).

Karl, in dessen Träume und Schwärmereien diese
Kriegserklärung wie eine Bombe schlug, erwiderte natürlich
höchst entrüstet: wenn sie auch alle gegen ihn geschworen
hätten, so hoffe er doch allein ihre Anschläge zu Nichte
machen zu können und auch die Venetianer werde er
lehren, Kaufmannschaft und nicht Politik zu treiben[4]).

Scheinbar fasste also der König die Nachricht mit Ruhe
auf; er wurde indess doch besorgt, als er die mächtigen

---

[1]) Arch. lomb. 1888. a. a. O. 346.
[2]) Anshelm II. 160.
[3]) ibid.
[4]) ibid.

Rüstungen sah und erfuhr, dass Lodovico bereits die
französischen Schiffe im Hafen von Genua angegriffen
habe. Die Verhältnisse schienen ihm um so gefährlicher,
wenn er erwog, dass die Verbündeten ihm die natürlichen
Pässe verlegen, ja selbst bis in die neapolitanischen Häfen
vordringen konnten, um sich dort seiner Einschiffung zu
widersetzen[1]).

Daher brach er von Neapel auf und rückte in die
Gegend von Pontremoli vor, sich dort mit Ludwig von
Orleans zu vereinigen und die Alpen zu überschreiten.
Diesen Weg ihm zu verlegen, war die Aufgabe der Ver-
bündeten[2]).

An der Spitze des ligistischen Heeres stand Francesco
Gonzaga, welcher am 6. Juli die blutige Schlacht bei For-
nuovo gegen Karl schlug, deren Sieg jedes der beiden
Heere sich zuschrieb[3]).

Die zeitgenössischen italischen Schriftsteller bemühen
sich die Franzosen als besiegt hinzustellen, und die Venetianer waren so durchdrungen von dem Erfolge, dass sie
der Madonna della Vittoria eine Kirche weihten und ihrem
siegreichen Feldherrn sowohl wie seiner Gemahlin einen
Jahrgehalt von 2000 bezw. 1000 Dukaten aussetzten[4]).

Karl rückte am anderen Morgen sofort weiter, ohne
auf seinem Wegzuge von den Verbündeten irgendwie be-
helligt zu werden. Unangefochten gelangte er nach Asti,
Seine Kräfte waren erschöpft. Und wenn er auch sein
Heer durch Zuziehung von 20000 Eidgenossen ver-
stärkt hatte[5]), so war er dennoch nicht in der Lage, dem
Herzog von Orleans, der Novara durch Verrath einge-
nommen hatte[6]) und nun dort, von 4000 Mann unter
Führung Lodovico's bewacht, wie in einer Falle sass,
Hülfe und Erleichterung zu bringen.

Zudem traf die Nachricht ein, dass 24 Stunden nach
der Schlacht bei Fornuovo die französische Herrschaft in
Neapel gefallen und der rechtmässige König von seinem

[1]) Yriarte, Cesar Borgia I. 90.

[2]) Malipiero 353.

[3]) Einzelheiten über die Schlacht. Arch. lomb. a. a. O.1888. 347.

[4]) Ueber die zeitgenöss. Quellen. Arch. lomb. a. a. O. 1890.
625 f.

[5]) Anshelm II. 175.

[6]) Rusconi 51 ff.

wankelmüthigen Volke, welches sich kurz vorher noch
den Franzosen an den Hals geworfen hatte, mit grossem
Jubel und vielem Getöse empfangen worden sei [1].
Unter den Hülfsvölkern Lodovico's befanden sich auch
etliche tausend Deutsche, welche Maximilian ihm zu Hülfe
gesandt hatte [2].
So lagen sich also die beiden, für die damalige Zeit
gewaltigen Heere gegenüber und für Karl gewann es den
Anschein, als sei erst hier der Entscheidungskampf zu
kämpfen. Wenn auch beide Parteien den Frieden wünschten,
so scheuten sie sich doch, diesem Wunsche Ausdruck zu
verleihen, aus Furcht, durch den Friedenswunsch. ihre
Friedensbedürftigkeit darzuthun [3].
Und dennoch fügte es sich, dass der Friede zwischen
Lodovico und Karl am 10. Oktober 1495 in Vercelli zu
Stande kam. Die Hauptbestimmungen wurden dahin getroffen, dass der Herzog Novara zurückerhielt, dafür aber
sich verpflichten musste, den König von Neapel nicht zu
unterstützen und Genua von Frankreich zu Lehen zu tragen;
denn von dort wollte Karl den geplanten Zug zur Wiedereroberung Neapels beginnen [4].
Damit war von Lodovico die hl. Liga zerrissen. Denn
wenn er auch sein Bleiben in ihr zur Bedingung des
Friedens machte [5] und zugleich ihren Fortbestand stipuliren
liess [6], so war doch durch die Unterstützung, welche er
dem französischen Könige bei seinen Absichten auf Neapel
angedeihen lassen wollte, der Grund erschüttert, auf welchem
die Liga ruhte.
Kaum hatten die Franzosen Italien verlassen, so begannen wieder die Streitigkeiten der italischen Städte
untereinander. Die Florentiner wollten Pisa sich unter-
werfen; hülfesuchend wandten diese sich an Lodovico,
der ihnen indess mit Rücksicht auf das so nah befreundete
Florenz die Hülfe verweigerte. Nun ging Pisa nach

---

[1] Ranke 60.
[2] Ulmann 290, wo auch die schwankenden Angaben über
die Stärke dieses Corps.
[3] Rosmini storia di Milano 221.
[4] Rosmini 223. Du Mont II. 331 ff.
[5] Ulmann 405.
[6] In tractatu pacis . . . . . articulum . . . . quod in hac liga
omnino permanet ac perseverat. San. Diar. I. 23.

Venedig und, leistete dieses auch nicht förmlich Hülfe,
so legte es doch eine Besatzung in die bedrohte Stadt.
Lodovico, als Herr von Genua und der davon abhängigen
Insel Korsika konnte solchem Vorgehen, welches den
Venetianern neue Stützpunkte am tyrrhenischen Meere
verlieh, nicht ruhig zuschen; in lebhafter Besorgniss und
da Pisa als kaiserliche Stadt galt (war es doch stets
ghibellinisch gewesen [1]), sandte er Boten an den römischen
König, um ihn zu bewegen, der hart bedrängten Stadt zu
Hülfe zu kommen. Deshalb überschritt dieser im August
1496 die Alpen, mit wenig Truppen und noch weniger
Geld, um die Pisaner gegen florentinische Eroberungsge-
lüste zu schützen. Aber sein Unternehmen misslang vollständig, die Belagerung Livorno's schlug fehl und von
der Aussichtslosigkeit des ganzen Zuges überzeugt, verliess
er Ende November Toskana und traf am 2. Dezember in
Pavia ein, wo Lodovico ihn erwartete, in tiefer Trauer
um seine kurz vorher gestorbene Tochter Blanka, die
Gemahlin Galeazzo Sanseverinos [2]).

Trotz der Wünsche Lodovico's, welche sich mit den
Bitten Venedigs vereinigten, liess Maximilian in Italien sich
nicht mehr halten [3]), sondern kehrte nach Deutschland
zurück, unter dem Vorgeben, dass die dortigen Verhältnisse
seine Anwesenheit wünschenswerth erscheinen liessen [4]).

Zu Beginn des folgenden Jahres traf Lodovico ein
harter, wohl der härteste Schlag seines Lebens: in den
ersten Tagen des Januar starb an den Folgen der Geburt
eines todten Söhnchens seine Gemahlin Beatrice.

Als Lodovico sich einst (1480) zu vermählen gedachte,
hatte er seine Blicke auf Beatricens ältere Schwester Isabella geworfen. Er stand damals im 29., Isabella im 7.
Lebensjahre, für jene Zeit gewiss kein Ehehinderniss; aber
hindernd trat ihrer Verbindung in den Weg, dass Isabella
bereits dem Marchese Frederico Gonzaga für seinen damals fünfzehnjährigen Sohn Francesco versprochen war.
Erkole von Ferrara, der Vater Isabellens, entschuldigte
sich deshalb bei Lodovico, bot aber, um wenigstens seinen

---

[1]) Ranke 80.
[2]) Sanuto I. 396.
[3]) San. 395. 397.
[4]) San. 397.

guten Willen zu zeigen, ihm seine zweite Tochter Beatrice
an, damals fünf Jahre alt, und Lodovico ging auf diesen
Vorschlag ein [1]).

Es wäre für Lodovico und die sforzische Herrschaft
in Mailand besser gewesen, wenn nicht der Feuergeist
Beatrice, sondern Isabella ihm zur Seite gestanden hätte.
Sie konnte ihm während seines Lebens nur Freundin sein,
eine Freundin freilich, die es mit ihrer Freundschaft wohl
zu vereinigen wusste, späterhin, als Lodovico vor dem
heranrückenden französischen Könige fliehen musste, auch
diesem Freundschaft entgegenzubringen [2]). Geleitet, und
man kann wohl sagen, beherrscht hat ihn Beatrice. Sie
bestimmte ihn zu festen Entschlüssen, wo er schwankend
schien, zu entscheidendem, durchgreifendem Handeln, wo
er unschlüssig war, und manche Massregel Lodovico's
gegen Giangaleazzo ist zurückzuführen auf Beatricens
Einwirkung und Mitwirkung. Isabella wusste dies sehr
wohl und daher stammte ihr glühender Hass gegen die
ebenso herrschsüchtige, aber glücklichere Nebenbuhlerin.
Was Lodovico an Beatrice verlor, hat Maximilian in
seinem Trostschreiben trefflich ausgedrückt, wenn er sie
die Genossin seiner Regierung, die Erleichterung seiner
Sorgen und Geschäfte nannte [3]).

Diesen Schlag hatte Lodovico nie verwunden. Viel
Bitteres und Schweres hat er während seines Lebens noch er-
dulden müssen, aber Nichts hat ihn so niedergeworfen,
.wie der Tod dieser Frau. Er hatte sie innig geliebt. Im
ersten Schmerze erklärte er, sich der Sorge für den Staat,
für seine Kinder [4]), für alles entschlagen zu wollen. Thatsächlich zog er sich eine Weile von den Staatsgeschäften
zurück und gab sich religiösen Andachtsübungen hin. Die
Zahl der Seelenmessen, welche er lesen, der Kerzen, welche
er an ihrem Grabe brennen liess, geht ins Grenzenlose.
Und als er wenige Jahre später fliehen muss, da finden
wir ihn noch einmal in einer Stunde stiller Sammlung

---

[1]) Arch. lomb. a. a. O. 1890. 76.
[2]) Revue historique 1892. 56 f.
[3]) „principatus tui socia et curarum et occupationum levamen."
Arch. lomb. 1888. 55.
[4]) Beatrice hatte ihm zwei Söhne hinterlassen, Massimiliano und
Francesco, die beide nach langen Jahren der Verbannung zurück-
kehren sollten, in das Erbe und auf den Thron ihrer Väter.

und Einkehr in sich selbst an der Gruft seiner Gemahlin. Ihm dünkte, er habe mit ihr sein Glück begraben und ohne das Erbleichen seines Sternes.

Die französische Maulwurfsarbeit in der Lombardei ruhte und rastete indess nicht, den Thron Lodovico's zu untergraben. Die Zahl der Feinde des Herzogs mehrte sich. Und bereits im Februar 1497 entdeckte Lodovico eine Verschwörung in Pavia, gegen deren Theilnehmer er aufs strengste verfuhr[1]).

Obwohl Lodovico, um den drohenden Krieg seinen Staaten fernzuhalten, ein Bündniss einging mit Karl VIII. und dem Könige von Spanien, fuhr Karl dennoch fort gegen ihn zu rüsten[2]). Die Unterwerfung Mailands wollte er mit der Wiedereroberung Neapels verbinden. Er zählte dabei auf die feindselige Stimmung der italischen Staaten gegen Mailand[4]), von denen jeder mehr oder weniger Grund zum Hasse gegen Lodovico hatte oder zu haben glaubte. Alles war vorbereitet, die Feldherren ernannt, die Heere gerüstet, da starb Karl plötzlich am 7. April 1498.

Ihm folgte der erbittertste Gegner Lodovico's, der Herzog von Orléans, als Ludwig XII. Dessen Gesinnung kannte Lodovico vom „Kreuzzuge" Karls VIII. her.

Ludwig begründete seine Ansprüche auf Mailand als Verwandter der Visconti. Denn seine Grossmutter Valentina war die Tochter des ersten mailändischen Herzogs, den Wenzel belehnt hatte, und auf echter Geburt beruhten seine, auf unechter die Ansprüche des Hauses Sforza[5]).

---

1) San. I. 457 schildert die Verhältnisse und Stimmungen nach dem Tode Beatricens aufs eingehendste. Vgl. auch Ratti 69 f.

2) Magenta I. 53 f.

3) San. 550. 610. Rosmini 229.

4) Rosm. 230.

5) Ratti 20.

Lodovico's Untergang.

König Karl war, wie wir gesehen haben, zu einer Zeit gestorben, da er sich zu einem neuen Zuge gegen Italien rüstete. Sein Nachfolger war fest entschlossen, mit der Krone auch die Erbschaft dieses Krieges anzutreten. Aber auf andere Weise, als sein Vorgänger es gethan, gedachte er den Feldzug zu beginnen und zu führen. Denn, um in Italien seine Pläne ungehindert zur Vollendung gelangen zu lassen, wollte er Friede und Freundschaft haben mit jenen Mächten, deren Gegnerschaft ihm zugleich mit der Krone zugefallen. Hatte auch Lodovico durch seinen Friedensschluss mit Karl VIII. die Liga thatsächlich gesprengt, da er ihr, wenigstens was ihn betraf, den Boden unter den Füssen weggezogen, so hatte dieses Vorgehen doch von Seiten der andern Verbündeten keine Nachahmung gefunden. Diesen Bund aufzulösen, einige der Theilnehmer sogar auf seine Seite zu ziehen, und zu Verbündeten zu machen, war das Bestreben des französischen Königs.

Alexander VI. war nicht schwer zu gewinnen.

Cesar Borgia, dem sein Vater den Kardinalspurpur bereits in jungen Jahren verliehen, hatte in einem Consistorium die Erklärung abgegeben, seine Neigungen seien lediglich weltlich, eine Behauptung, welche Niemand der Anwesenden auch nur einen Augenblick bezweifelte. Daraufhin hatte der Papst seinen Wunsch erfüllt und ihm den rothen Hut genommen, von dem dringenden Wunsche beseelt, aus seinem Sohne, der auf die geistliche Würde Verzicht geleistet, einen weltlichen Fürsten machen zu lassen [1]

---

[1] Gregorovius 421.

Andererseits hätte Ludwig XII. sich sehr gerne von seiner missgestalteten Gemahlin Johanna getrennt, um die Wittwe Karls VIII., die Erbin der Bretagne, zu heirathen. Auf die Erfüllung dieser Wünsche liess sich schon ein friedliches Verhältniss aufbauen. Alexander zögerte nicht, Ludwig die geforderte Dispens zur Scheidung und damit die Einwilligung zur Bigamie zu ertheilen, und Ludwig ernannte Cesar Borgia zum Herzog, von Valentinois und versprach ihm seine Waffenhülfe zur Eroberung der Romagna, falls er erst im Besitze von Mailand sei.

Mit Spanien, mit dem schon Karl freundlichere Beziehungen angeknüpft, waren die Verhältnisse bereits im August 1498 geregelt[1]).

Dagegen war es mit Maximilian, der aus Anlass der Thronbesteigung Ludwigs die etwas seltsam klingende Forderung gestellt hatte, der französische König solle ihm Burgund abtreten, bereits im Sommer 1498 zum Waffenkreuzen gekommen. Maximilian, in seinen Kriegen nie sonderlich vom Glücke begünstigt, musste auch hier weichen, und einen für ihn nicht gerade ehrenvollen Vertrag eingehen[2]).

Die Bemühungen Ludwigs in Italien, Bundesgenossen zu werben, waren mit Erfolg gekrönt. Der Papst stand auf seiner Seite, jetzt galt es Venedig zu gewinnen. Und auch dies zeigte sich nicht spröde. Denn im Jahre 1498 war der alte Streit zwischen Mailand und Venedig wegen Pisa wieder in hellen Flammen emporgeschlagen, und Lodovico vertrat die Interessen dieser Stadt so entschieden, dass er dem venetianischen Gesandten Lipamano im Juni sagte: die Signorie sollte ja nicht daran denken, Pisa zu erobern; er werde das Seine schon dazu thun, dies zu verhindern, und wenn er dessenthalben die Türken herbeirufen müsse[3]).

Seine Befürchtungen erstreckten sich weiter als nur auf die Bedrohung der pisanischen Freiheit. Denn auf den Einwand des Gesandten, Venedig denke nicht daran, Pisa der Freiheit zu berauben, rief Lodovico ihm entgegen: Es ist nicht wahr, dass ihr die pisanische Freiheit

---

1) Rosmini, Trivulzio II. 255.
2) Vergl. über den Krieg und die Verhandlungen Ulmann 584 ff.
3) Malipiero 505.

unangetastet lassen wollt; habt ihr erst Pisa, dann wollt ihr auch Livorno und Genua haben [1]).
So fand der französiche König bereits beackerten Boden für seine Aussaat. Gegen Ende August 1498 theilte Ludwig dem venetianischen Gesandten seine Absichten inbetreft Mailands mit und suchte ihm die Furcht zu benehmen, als werde bei einem Unternehmen Frankreichs auf Italien Deutschland zu seinem Schutze die Waflen ergreifen [2]).

Und die Verhandlungen gingen so ungestört von Statten, dass bereits im September des Jahres in Frankreich sich das Gerücht von dem Abschluss eines Vertrages zwischen Ludwig und Venedig verbreitete [3]). So leicht machten es die venetianischen Kaufherren dem Könige nun doch nicht. Sie wussten sehr wohl, wieviel dem Könige an ihnen liege, wie sehr er ihrer bedürfe. Es war noch ein monatelanges Hin- und Herzerren nöthig, ehe das Bündniss wirklich zu Stande kam.

In dieser Zeit machte Lodovico dem französischen Könige Anerbietungen und Vorschläge, um sein Herzogthum vor dem ihm drohenden Untergange zu retten. Denn wohin er auch schaute, nirgendwo konnte er Unterstützung erhoffen, er sah nur Feinde und Gegner um sich, und die Hülfe, die er von dem römischen Könige erwartete, schien auch nicht sonderlich thatkräftig werden zu können; das liess sich wenigstens aus den stetigen Geldforderungen entnehmen, die Maximilian an Lodovico richtete, wodurch er ausserdem die Stellung seines Bundesgenossen in Mailand aufs gründlichste erschütterte [4]). Sehr verstimmend musste auch auf Lodovico wirken, dass der römische König ein Bündniss nach dem anderen mit Frankreich schloss, ohne es auch nur der Mühe werth zu halten, ihm davon Mittheilung zu machen [5]).

Daher verfiel Lodovico auf den Gedanken, zur Sicherung und Rettung seiner Person und seines Herzogthums mit dem französischen Könige in nähere Beziehungen zu treten.

---

[1]) Malipiero 505.
[2]) Malpiero 506.
[3]) Sanuto, Diarii II. 9.
[4]) Ulmann 613.
[5]) Fuchs, die mailänd. Feldzüge der Schweizer I. 236.

Er erbot sich im Oktober, dem Könige jährlich eine Geld-
summe zu zahlen, und zwar verlangte dieser einen jährlichen
Tribut von 100 000 Dukaten und nach Lodovico's Tode
Anheimfall des Herzogthums an die Krone Frankreichs,
wogegen Lodovico sich nur verpflichten wollte, 8 Jahre
lang jährlich 50 000 Dukaten zu zahlen und etwaige Ver-
pflichtungen für die Zeit nach seinem Tode einzugehen
sich weigerte [1]).

So zerschlugen sich die Verhandlungen zwischen Lodovico und Ludwig, während jene zwischen Venedig und
dem Könige ihren zwar langsamen, aber sicheren Gang
weitergingen. Die Abmachungen wurden dahin getroffen,
dass Venedig die Orte diesseits der Adda erhalten solle:
Lodi, Cremona, Parma, Piacenza, für den König war Mailand bestimmt [2]).

Briefe, welche diese Verhandlungen enthalten, fielen
in die Hände Lodovico's. Tödtlich erschreckt, liess er
den venetianischen Gesandten rufen und bat ihn, der
Signorie mitzutheilen, dass er ihr fürderhin bei dem Versuche, Pisa zu erwerben, nicht mehr hinderlich sein wolle;
nur möge er um Gotteswillen dafür sorgen, dass kein
grösserer Brand in Italien entstehe; worauf der Gesandte
ihm erwiderte, er werde es an gutem Willen nicht fehlen
lassen, aber Lodovico sähe jetzt seine Aussaat aufgehen,
er sei an all dem Elend Schuld, welches über Italien gekommen [3]).

Von neuem wandte sich, da die Verhältnisse ihm
gefahrdrohender geworden waren, Lodovico an den König
von Frankreich und der Preis, welchen er diesmal zu er-
legen sich erbot, war hoch. Er erklärte sich bereit, dem
Könige jährlich einen Tribut zu zahlen, ihm sein Herzogthum testamentarisch vermachen und Maximilian zur Zu-
stimmung veranlassen zu wollen [4]).

Ludwig erwiderte ihm kühl, er sei nicht gesonnen,
etwas ohne den Willen der Signorie zu thun [5]).

Da nun Lodovico die Stimmung Venedigs zur Genüge
kannte, so säumte er nicht Gegenmassregeln zu ergreifen.

---

[1]) San. II. 59.
[2]) San. 123, 124. Malipiero 518.
[3]) Malipiero 518, 519.
[4]) San. 150.
[5]) San. 151: „non fari nulla voglio esser sempre di la Signoria".

Er sandte, wie er dem Gesandten Venedigs gedroht, Ende
1498 nach Konstantinopel, um den Sultan Bajazet II. zu
bewegen, die Venetianer anzugreifen[1]) und so ihre Streitkräfte zu theilen. Aber auch auf friedlichem Wege versuchte Lodovico noch einmal mit Venedig sich ausein-
anderzusetzen. Am 7. Februar liess er noch einmal um
Frieden für Italien bitten[2]), aber es war schon zu spät.
Die Abmachungen zwischen der Signorie und Ludwig
hatten ihr Ende erreicht. Am 9. Februar schlossen die
venetianischen Gesandten zu Blois den endgültig bindenden
Vertrag ab, kraft dessen ihnen für die Unterstützung
Ludwigs XII. bei seiner Unternehmung auf Mailand Chiara
d'Adda und Cremona zugesprochen wurde. Eine Erweite-
rung der Liga ward nicht gestattet, nur für den gegen-
wärtigen Papst der Eintritt offen gehalten[3]).

Volles Vertrauen brachte der König den Venetianern
nun doch nicht entgegen. Denn als er während der
Bündnissverhandlungen mit der Signorie von dieser 100000
Dukaten verlangte und diese die Gewährung des Ver-
langens mit dem Hinweis auf die Wirren in Toskana und
den drohenden Türkenkrieg ablehnte, da wandte Ludwig
sich mit der Frage an die florentinischen Gesandten, ob
die türkischen Dinge thatsächlich so gefahrdrohend seien.
Denn der König glaubte die Venetianer ihres Unter-
nehmens gegen Mailand schon überdrüssig und vermuthete,
sie suchten Mittel und Wege, dem Bündnisse sich zu ent-
ziehen. Da kamen Briefe vom Hochmeister des Maltheser-
ordens, welche die Gefahr bestätigten, die Venedig drohe,
und nun erst unterschrieb der König[4]).

Noch auf ein anderes Gebiet müssen wir kurz unsere
Blicke wenden, wo Ludwig ebenfalls mit Aufbietung aller
Kräfte thätig war, Lodovico jegliche Aussicht auf Unterstützung zu nehmen, das ist die Schweiz und im Zu-
sammenhange damit der römische König.

Zuerst galt es dem letzteren die Hände zu binden,
und deshalb schürte und wühlte und hetzte der französische
König so lange bei den Eidgenossen, bis glücklich der Krieg

---

[1]) Malipiero 529.
[2]) Malipiero 532.
[3]) Der ganze Vertrag bei San. 522 ff.
[4]) Malipiero 533. 534.

zwischen ihnen und Max entbrannt war. Als das geschehen und Ludwig die Schweizer wie einen Mann sich
erheben sah gegen Max, da trug er den Schweizern seinen
Bund an, wie sehr auch Lodovico dies zu hintertreiben
suchte [1]).

Denn auch er hatte einst mit Bern, Luzern, Schwyz
und Unterwalden im Bunde gestanden und gegen gute
Bezahlung hatten ihm die 4 Orte Friede und Freundschaft
versprochen [2]).

Was aber galten der damaligen Schweiz Verträge!
Das sollte sich auch hier zeigen. Auf Mittfasten 1499 kam
in Luzern eine Vereinigung zu Stande und es wurde beschlossen: Bern, Unterwalden und Schwyz zum Beitritt
zu bewegen und Luzern (nach dieser Quelle also nicht
im Bunde mit Lodovico), Uri, Zug, Freiburg und Solo-
thurn sollten sie dazu vermögen [3]).

Dass diese drei Orte sich dazu „bewegen" liessen,
war klar [4]) — mit etlichen patriotisch klingenden Worten
ward der offenkundigste Vertrags- und Treubruch be-
mäntelt, doch muss zur Entschuldigung Berns hier angeführt werden, dass es erst von der Vereinigung mit Lodovico zurückgetreten, als der Herzog aus freiem Willen
ihrer Verbindung entsagt hatte [5]).

So kam denn auch hier das Bündniss mit Ludwig zu
Stande, demzufolge die Schweizer sich verpflichteten, den
König in seinen Kriegen mit einer Zahl gewappneter
Leute zu unterstützen, dafür vom Könige in ihren Kriegen
Hülfe oder — sollte er selbst in Kriege verwickelt sein —
vierteljährlich 20 000 rheinische Goldgulden, ausserdem eine
jährliche Pension von 20 000 Franken zu empfangen [6]).

Lodovico, der sich unterdessen vergebliche Mühe
gegeben hatte, einen Frieden zwischen Max und den Eidgenossen zu vermitteln [7]), suchte auf anderem Wege, und
zwar durch eine dynastische Heirath Schutz für sich und
sein Herzogthum.

[1]) Ranke 113.
[2]) Fuchs 234 f. Eidgen. Abschiede 3 I. 584. 747 ff.
[3]) Anshelm II. 537.
[4]) ibid. 538.
[5]) Eidg. Absch. a. a. O. 574.
[6]) Anshelm II. 359 ff. abgedr. Eidg. Absch. a. a. O. 755 ff.
[7]) Fuchs 241.

Zuerst versuchte er in England sein Glück und liess
bei seiner Werbung sofort mittheilen, dass es ihm auf eine
Mitgift nicht ankomme, aber seine Bemühungen waren
trotzdem erfolglos[1]). Von dort ging er nach Spanien und
bot um die Hand der Tochter des Königs für seinen
ältesten Sohn Maximilian, aber im Hinweis auf das jugendliche Alter der Infantin (sie war erst fünf Jahre alt)
schlug der König sein Ansuchen ab[2]).
Lodovico liess sich so leicht nicht abschrecken. Zum
dritten Male ging er auf die Brautschau und diesmal in
der festen Zuversicht, dass der Erfolg ihm nicht fehlen
werde; denn er hatte sich Margarethe, die Tochter Maximilians zur Braut erkoren und, um diesem die Sache ange-
nehmer zu gestalten, für sich weiterhin die Königskrone
der Lombardei erbeten. Denn er kannte Maximilians Vor-
liebe für einen königlichen Schwiegersohn[3]). Aber Maximilian war bei weitem nicht so begeistert von der Braut-
werbung, wie Lodovico wünschte, er hielt die ganze
Sache längere Zeit in der Schwebe, ernannte während-
dessen Lodovico's ältesten Sohn zum Fürsten von Pavia[4])
und schloss die Verhandlungen im August mit der Ab-
lehnung der von Lodovico gestellten Bitte[5]).
Unterdessen dauerte unter grauenhaften Verwüstungen
der Krieg zwischen Max und den Eidgenossen fort. Wir
müssen die langwierigen Verhandlungen, welche von französischer und mailändischer Seite geführt wurden, um den
Frieden zu vermitteln[6]) und völlig ohne Ergebniss blieben,
an dieser Stelle übergehen; hier sei nur der Besprechung
zwischen Maximilian und Ludwig gedacht, welche eine
Theilung Italiens zwischen ihnen bezweckte.
Ludwig forderte Mailand für sich, da er berechtigte
Ansprüche auf dieses Herzogthum habe, Maximilian erklärte sein Anrecht für grösser als das französische und
ausserdem sei er nicht gesonnen, Frankreich zum Pförtner
Italiens zu machen. Aber warum könne man sich nicht
gemeinsam verständigen? Er nehme das Land diesseits des

---

[1]) Bergenroth, Calendars I. 227.
[2]) Malipiero 537.
[3]) Ulmann 753.
[4]) San. 945.
[5]) San. 1182.
[6]) Vgl. Eidg. Absch. 3 I. 598. 609. 621. 622. 625. 629.

Po, Mailand und Venedig, jener die Gebiete jenseits desselben, Florenz und Neapel[1]). Die Verhandlungen gelangten
indess zu keinem Abschluss, und Ludwig entschloss sich im
Sommer 1499, den Knoten diplomatischer Schrebereien
und Besprechungen mit dem Schwerte zu durchhauen.

Schon am 27. Juni hatte · er Gesandte nach Venedig
geschickt, die dort künden sollten, der König gedenke
am 12. Juli mit 14 000 Reitern und 18 000 Fusssoldaten in
Lyon zu sein, um gegen Lodovico aufzubrechen. Noch
einmal wurde auf diese Nachricht hin der Schwur der
Treue erneut und dem Könige vollstes Einverständniss
mit seinen Plänen zu wissen gethan, wenngleich dies Einverständniss nicht allgemein war, da von 186 Abstimmenden
46 sich dagegen erklärten[2]). Zu Beginn des August liess
dann Ludwig der Signorie von seinem bevorstehenden
Aufbruche Kunde zugehen[3]).

Auch jetzt gab Lodovico die Hoffnung auf Verstän-
digung mit Venedig nicht auf. Als er seinen Feldherrn
Francesco Sanseverino mit starker Waffenmacht nach
Cremona gesandt hatte, liess er dort verkünden, bei Todes-
strafe sollte sich Niemand erdreisten, seinen Unterthanen,
oder der Signorie etwas zu Leide zu thun[4]). Doch diese
wusste ihm dafür keinen Dank mehr: zu derselben Zeit
sandte sie Botschaft an den König von Neapel, ihn zu
warnen, Lodovico Hülfe zu senden, wie er beabsichtige,
da sie sich sonst auch gegen ihn wenden würde[5]).

Vom Kaiserhofe konnte er auch nichts erwarten.
Freilich hatte Blanka ihm in einem Briefe vom 12. August
versprochen, ihm bei Maximilian zu Diensten sein zu
wollen, und dadurch den Muthlosen wieder etwas gestärkt,
zumal, da sie ihm wenige Tage später schreiben konnte,
dass der Kaiser ihre Vorstellungen mit ernsthaften Versprechungen erwidert habe[6]). Versprechungen, weiter
nichts. Denn Max war ja selbst hülflos, wie hätte er
andere unterstützen können!

---

[1]) Excerpt. Erdmannsdörffers aus dem florent. Staats-Archiv
für Reichstagsakten. 2. Aug. 1499.

[2]) Malipiero 556.

[3]) Malipiero 558.

[4]) Malipiero 559.

[5]) Ibid.

[6]) Revue Historique 1892. 59.

Dafür schmiedete er Pläne und suchte Lodovico wenigstens auf dem Papiere zu retten. Und unter diesen Plänen befand sich auch der, Lodovico zum Mitglied des schwäbischen Bundes zu machen, damit dieser eine thatsächliche Garantie seiner Staaten übernehmen solle[1]). Es war dies ein Projekt und ist stets ein solches geblieben. Alle Pläne Maximilians konnten dem Herzog nicht helfen, alle diplomatischen Bemühungen, Venedig von Ludwig abzuziehen, waren erfolglos — mit begütigenden Worten zwischen zwei Gegner zu treten, die schon die Hand zum Schlage erhoben, hat selten viel gefruchtet.

Die einzige Hülfe erhielt Lodovico von seinem Bruder Ascanio, dem Kardinal, der heimlich von Rom aufgebrochen und auf Umwegen mit seinen Reitern nach Mailand gelangt war[2]).

Noch nicht gar lange Zeit war verstrichen, da hatte Lodovico dem venetianischen Gesandten von der Furchtlosigkeit gesprochen, mit der er den kommenden Dingen entgegenschaue, denn er habe Fürsorge getroffen für Mannschaft und Lebensmittel; und hatte, da das Reich auf seiner Seite stehe, seiner Zuversicht auf die Hülfe des römischen Königs Ausdruck verliehen. Er hatte sich überhaupt in trunkenen Hoffnungen und Erwartungen gewiegt[3]). Wo war das jetzt geblieben!

Lodovico hatte wohl zur Besorgniss Grund. Denn an der Spitze des französischen Heeres stand sein erbittertster Gegner Gian Jacopo Trivulzio, und er unterschätzte die Gefahren nicht, die ihn von dieser Seite bedrohten.

Gegen die Türken, seine einzigen Bundesgenossen, deren Herbeirufung Lodovico bald behauptete, bald leugnete[4]), rüsteten die Venezianer eine Flotte, deren Kommando sie Antonio Grimani übertrugen, dessen Erfolge indess derartig waren, dass die Knaben auf der Strasse ihm Spottlieder sangen und man ihn öffentlich als Verräther brandmarkte[5]). Jedenfalls war die Flotte stark genug, den Sultan in Schach zu halten, und die von

[1]) Ulmann 773.
[2]) Malipiero 557.
[3]) San. 820.
[4]) San 1033..
[5]) Antonio Grimani, rebello de' Venetiani stand an den Mauern geschrieben. San. III. 5.

dort erwartete Hülfe wirkungslos zu machen[1]). So sah sich Lodovico schutzlos dem drohenden Unwetter ausgesetzt. Er suchte sich so gut zu vertheidigen und zu schirmen, wie es möglich war. Das Oberkommando erhielt Galeazzo Sanseverino, in den Waffen ebenso unerfahren, wie in militärischen Dingen unwissend. Durch diese Ernennung verfeindete Lodovico sich mit Francesco Gonzaga, der mit der Aufgabe, die Grenzen des Herzogthums gegen Venedig zu schützen, nicht zufrieden war und deshalb seine Entlassung forderte und erhielt. An seine Stelle trat der Graf von Cajazzo, der ebenfalls gerne Höchstkommandirender geworden wäre und den geringeren Posten zwar nicht ausschlug, wohl aber überlegte, wie er die Macht, die er in Händen hatte, zum Nachtheil seines Herrn verwenden könne[2]).

Trivulzio, dem die Hülflosigkeit des Herzogs nicht unbekannt war, und der durch Briefe des französischen Königs, die neue Streitkräfte versprachen, ermuthigt wurde, beschloss den Kampf gegen Mailand zu eröffnen[3]). Sein Plan war, am 13. August auszurücken und über Arazzo, Annone, Mortara gegen Vigevano zu marschiren und unterwegs alle festen Plätze, die ihm etwa Widerstand leisten wollten, zu vernichten, kurz — auf einem militärischen Spaziergange wollte er das Herzogthum Mailand für Frankreich erwerben. Ueber die Eroberung des stark befestigten Alessandria sprach er sich sehr hochfahrend aus: quando la vorò, l'haverò — wenn ich es will, werde ich es schon nehmen[4]).

Ungehindert rückten die Franzosen vor. Trotz der verschärften Befehle in der Schweiz, welche alles Reislaufen verboten, gelang es den Franzosen doch, Schweizer für ihren Dienst zu werben[5]). Durch sie verstärkt, konnte Trivulzio seinen Plan ausführen. Dazu kam, dass die Befehlshaber, denen Lodovico seine Schlösser zur Vertheidigung anvertraut hatte, zumeist Welfen waren, denen ihr

---

[1]) Burchardi Diarii II. 569.
[2]) Rosmini storia 238 f.
[3]) ibid.
[4]) San. 1097.
[5]) Stettler Chronik, Stumpf, Bullinger, Tschudi bei Fuchs 251.

Oberhaupt Trivulzio mehr galt, als der Ghibelline Lodovico[1]). So konnte schon Ende August nach Venedig gemeldet werden, dass Valenza gefallen, dass die Schlösser
Voghera, Annone, Bassignano ihre Thore geöffnet hätten,
dass Tortona genommen und Piacenza ohne Schwierigkeit
erobert sei und dass die Franzosen unter Aubigny vor
Alessandrien lägen[2]).

Dem Befehlshaber von Annone, Erasmo Trivulzio,
hatte Galeazzo Sanseverino auf seine dringende Bitte hin,
200 Mann aus Alessandrien gesandt, um das Schloss zu
halten; auf dem Wege dorthin wurde diese indess von
Furcht ergriffen und kehrten nach Alessandrien zurück[3]).
So vereinigte sich Feigheit und Schwäche zum Untergange
Lodovico's.

Alessandrien wollte dieser um jeden Preis halten.
Daher liess er, als die Nachrichten von dem Falle seiner
festen Plätze sich mehrten, diese Stadt doppelt fest
machen, in der Hoffnung, dort wenigstens den Franzosen
Widerstand leisten zu können. Er selbst blieb in Mailand
und sandte von dort aus Francesco Sanseverino nach
Alessandrien seinem Bruder zu Hülfe; der aber war dem
Auftrage ausgewichen. „An Treulosigkeit wollte Lodovico
nicht glauben; »wem soll ich trauen, sprach er, wenn
nicht Franzen?«" und so redete er sich ein, nur deshalb
habe Francesco seine Befehle missachtet, weil er ohne
Schlacht ihnen nicht habe nachkommen können[4]).

Unter solchen Umständen war eine Behauptung
Alessandriens freilich nicht möglich. Nachdem zwei Tage
lang die Stadt von den Franzosen beschossen worden
war und Galeazzo die zerstörten Mauern und die geringe
Mannschaft sah, da reifte in ihm der Gedanke zur Flucht.
In der dritten oder vierten Stunde der Nacht am 28.
August entwich er aus Alessandrien und sandte sein
Heer auf verschiedenen Wegen nach Mailand, doch die
nachsetzenden Franzosen erreichten die Flüchtigen noch
und beraubten sie ihrer Pferde und Waffen. Galeazzo
selbst entrann unversehrt. Die Franzosen rückten dann

---

[1]) Ranke 119.
[2]) San. 1164.
[3]) San. 1138.
[4]) Ranke 119.

in die unbesetzte Stadt ein und schonten die Einwohner, indem sie deren alten Hass gegen alles Französische vergassen [1]).

Auf die Kunde von dem Falle Alessandriens wankte auch die Treue der Mailänder; als nun gar die Nachricht kam, dass die Venetianer den Oglio überschritten hätten, zeigte sich in der Hauptstadt eine bedenkliche Gährung. Lodovico's Schatzmeister Landriano fiel derselben zum Opfer. Auf offener Strasse wurde dieser angefallen, vom Pferde gerissen und also zugerichtet, dass er in der folgenden Nacht im herzoglichen Palaste, wohin Lodovico ihn durch Ascanio und den Kardinal Federigo Sanseverino hatte bringen lassen, seinen Wunden erlag [2]). Landriano war schon lange verhasst, als jener, der die Zölle mit unglaublicher Härte einzog, Häuser, Grundstücke und sogar zu allen Zeiten befreite Dinge mit unerschwinglichen Abgaben belegte und das gemeine Wesen bedrückte [3]).

Da sah Lodovico, dass seines Bleibens nicht länger mehr in Mailand sein könne, dass jene, welche seinen ergebenen Diener getödtet, auch bereit wären, ihn selbst den Franzosen auszuliefern [4]), dass überhaupt ein längeres Verweilen sein eigenes Wohl, sowie das Wohl seiner Kinder nutzlos aufs Spiel setze. Er entschloss sich zur Flucht. Was er jetzt nothgedrungen that, hatte ihm Ascanio schon vor längerer Zeit gerathen, schon auf die Kunde, dass die Franzosen sich seinem Herzogthume näherten.

Da hatte ihm der Kardinal vorgeschlagen, das Herzogthum dem Sohne Giangaleazzo's, Francesco, der bei dem Volke sehr beliebt war [5]), zu übergeben, und beide sollten dann Mailand durchreiten, Francesco aber den Vortritt haben. Dann werde das Volk sehen, dass Lodovico nur als Vormund geherrscht und nicht dulden, dass Frankreich ihn vertreibe. Damals hatte Lodovico diesen Vorschlag von der Hand gewiesen, jetzt aber, als die Gefahr drohender wurde, liess er Ascanio wiederum zu sich

---

[1]) St. Gelais bei Zeller: Louis XII. et Anne de Bretagne 52 f.

[2]) Arch. lomb. 1886, Calvi: Il Castello di Porta Giovia e sue vicende nella storia di Milano. 261. 262. Varillas, histoire de Louis XII. 45. San. 1210.

[3]) Fuchs 254.

[4]) Varillas 45.

[5]) San. 1044.

kommen und fragte ihn, ob er sein Schloss befestigen oder ob er flüchten solle. Ascanio widerrieth ihm unter Hinweis auf die geringe Zahl seiner Leute das Erstere, zumal sich auch unter den wenigen, die geblieben, immer noch ein Mörder finden könne. Deshalb solle er so bald wie möglich die Stadt verlassen und ihn zurücklassen; „vielleicht haben jene, die uns geblieben, mehr Schonung für mich, als für Euch übrig." Da erwiderte ihm Lodovico: „Verzeiht mir, aber auch Euch kann ich nicht trauen, wenngleich Ihr mein Bruder seid. Ich werde den Castellan lassen, den ich habe; im Übrigen setze ich meine Hoffnung auf Gott"[1]).

So entschloss er sich denn, seine Kinder und seine Schätze nach Deutschland zu senden und auch selbst dorthin aufzubrechen[2]). Unter dem Schutz und Geleite seines Bruders Ascanio und des Kardinals Sanseverino sandte er Schätze und Söhne voraus und hiess sie den Weg nach Como nehmen, er selbst werde bald folgen. Denn er hatte noch mancherlei vor seiner Abreise zu besorgen. Einsam und zurückgezogen von der Welt, verbrachte Isabella, die Wittwe Giangaleazzo's ihre Tage, und gut zu machen, was er einst an ihr gesündigt, war das Bemühen Lodovico's. Unter Thränen umarmte er sie und bat flehentlich, ihm den kleinen Sohn, Francesco, anzuvertrauen, damit er der Gewalt der Franzosen entzogen werde. Aber die misstrauische Mutter, welche fürchtete, er werde dem Knaben Gift geben, verweigerte die Auslieferung desselben; zu ihrem Unglücke, wie sich späterhin zeigen sollte. Trotzdem verlieh Lodovico ihr das Herzogthum Bari und das Fürstenthum Rossano mit einer Zulage von 30 000 Goldgulden jährlicher Einkünfte[3]).

Dann wählte er vier Männer: Girolamo Landriani, Castiglione, den Erzbischof von Bari, Antonio Trivulzio, Bischof von Como und Francesco Bernardo Visconti und gab ihnen die Vollmacht, acht[4]) Bürger dazu zu wählen, mit welchen sie sich in die Leitung der Geschäfte Mailands theilen sollten.

---

[1]) Malipiero 561. 562.
[2]) ibid.
[3]) Fuchs 256. 257. San. II. 1213. Rosmini III. 247. Ratti
II. 56. 79, wo auch ein Ueberblick über die Geschichte des Herzogthums Bari zu finden. Varillas 46 f.
[4]) San. 1214 hat „neun".

Um sich die vornehmsten Geschlechter zu gewinnen und an ihnen eine Stütze zu finden in den Stunden der Gefahr, welche ihm und seinem Herzogthume drohte, erstattete er den Borromei's, Trivulzio's, Crivalli's, Viscontis die einst eingezogenen Güter zurück; aber auch er sollte noch erfahren, wie wenig Wohlthaten, die durch die Noth erzwungen sind, die Erinnerung früherer Unbilden auszulöschen vermögen[1]). Dann übergab er die Vertheidigung des Schlosses Bernardino da Corte, einem jungen Manne aus Pavia, den er aus dem Staube emporgehoben und mit Wohlthaten überhäuft hatte und dessen Treue er nach dem Masse der Gnaden, die er ihm erwiesen, für unwandelbar erachtete. Alle Warnungen, die man Lodovico zukommen liess, waren vergeblich. Noch einmal umarmte und küsste er ihn, und Bernardino gab ihm den Kuss zurück. Das Schloss war mit Mannschaft und Munition wohl versehen, und nun, da alles wohlbestellt war, wandte er sich zum Scheiden[2]).

Noch einmal, hier lassen wir Ranke sprechen, drängte es ihn, an das Grab seiner Gemahlin zu gehen und auch von ihr Abschied zu nehmen. Da begab er sich in die Kirche Madonne delle Grazie. Beatrice, die Gefährtin seines Wohlergehens, lag hier begraben. Hier hatte Leonardo da Vinci sie beide gemalt[3]), ihn mit dem älteren, sie mit dem jüngeren Knaben auf dem Schosse. Die Strahlen der untergehenden Sonne schienen durch die Fenster, so stand er an ihrem Grabe. Die Brüder des Konvents begleiteten ihn heraus; er sah noch einmal um. Welch ein Gewebe, dicht von bunten Fäden, unabänderlich, eng verwoben, von Glück und Lust, Verschuldung und Missgeschick dieses Menschenleben. Ihm brachen die vollen, wahren Thränen aus[4]). Dreimal wandte er sich und tief in Gedanken verloren, sah er lange zu Boden[5]). Kurz vor seiner Abreise sagte er zum venetianischen Gesandten: „Ihr Herren von Venedig, Ihr schickt mir den französischen König zum Frühstück, zum Abendessen wird er bei Euch

---

[1]) Rosmini III. 248.

[2]) Varillas 46. Ranke 120.

[3]) Über diese Gemälde vgl. Trattato della Pittura di Leonardo da Vinci con prefazione di Marco Tabarrini 1890. S. XIII.

[4]) Ranke 120 f.

[5]) Daru, histoire de Venise 325, 326. Anm.

sein [1]." Dann versammelte er nochmals die Seinen, wies
sie hin auf die Befestigungen und den Schutz, den er ihnen
zurücklasse und sprach die Hoffnung aus, ihnen bald Hülfe
bringen zu können. Dann verliess er sie, die Worte vor
sich hinmurmelnd: Nos patriam fugimus, et dulcia linqui-
mus arva [2]). Es war der 2. September 1499.

Gleich beim Hinaustreten aus dem Schlosse sollte er
schon auf die bitterste Weise erfahren, wie sehr er sich in
seinem Vertrauen getäuscht hatte. Nicht nur, dass die
Mailänder ihm sagen liessen, jetzt, da er sie verlassen,
würden sie zu Frankreich übergehen, dass er bei seinem
Wegritt bereits den Namen des französischen Königs aus-
rufen hörte — am Eingange zum Schloss erwartete ihn Francesco Sanseverino und erklärte ihm, er halte sich seines
Eides für entbunden und werde dorthin gehen, wohin es
ihm beliebe [3]). Damit steckte er die französische Fahne
auf und ritt mit seiner gesammten Mannschaft, die er mit
Lodovico's Gelde angeworben, hinweg in die Dienste des
Königs von Frankreich [4]). Auf diese Worte hin hatte Lodovico Mühe sich zu beherrschen, damit er sich nicht an
ihm vergreife [5]).

Lodovico nahm also seinen Weg nach Como, wo man
noch zuerst berieth, ob man ihn einlassen solle oder nicht [6]).
Und als man ihm die Thore geöffnet, sollte er doch nicht
lange Ruhe dort haben. Ein Chorherr an der Kirche des
hl. Lorenz meldete ihm, dass die Bürger Mailands Trivulzio entgegengezogen seien und dass dieser auf die Kunde
von Lodovico's Flucht ihm Reiter nachgesandt habe unter
Leitung des Grafen von Misocco, seines natürlichen Sohnes,
und warnte ihn schliesslich vor Verräthern in seiner nächsten
Umgebung. Lodovico vertraute diese Nachricht keinem
an, weil er auf Niemanden mehr traute, er stellte sich sicher
und getröstet, aber bei einbrechender Dunkelheit bestieg
er plötzlich sein vornehmstes Schiff und gab ganz uner-
wartet den Befehl, aufs schnellste abzurudern [7]). So kam

[1]) Burchardi Diarii II.
[2]) Chron. Ven. 100. San. 1210.
[3]) Rosmini 248.
[4]) Fuchs 257.
[5]) Varillas 48.
[6]) Fuchs 157. Corio 1115.
[7]) Prato, storia di Milano 223. Fuchs 258 f. San. 1229. 1264.

er nach Bellaggio, traf dort mit den Seinen zusammen und setzte seine Reise nach Deutschland fort, oft unter den grössten Beschwerden und gelangte nach Innsbruck. Dort, hatte man ihm gesagt, erwarte ihn der römische König und seine Gemahlin. Denn Blanka hing mit der gleichen Zärtlichkeit am Oheim wie ihr Bruder, sie hatte ihm das vermeintliche Verbrechen längst vergeben und stellte ihren ganzen, freilich geringen Einfluss bei Maximilian völlig in den Dienst Lodovico's [1]). Was war nun unterdessen in Mailand geschehen? Nach der Entfernung des Herzogs brachen dort Unruhen aus, welche in Verbindung mit der Nachricht, dass die siegreichen Venetianer sich der Stadt näherten, die Leiter der dortigen Gewalt angeblich zwangen, an Trivulzio Gesandte zu schicken, ihm die Schlüssel der Stadt zu überliefern und ihn zugleich zu bitten, den Unruhen möglichst schnell ein Ende zu machen[2]). Als diese Botschaft zu ihm geschickt wurde, befand sich Trivulzio noch etwa 6 Meilen von Mailand entfernt und von hier aus schickte er dann seine Reiter zur Verfolgung des flüchtigen Lodovico[3]).

Zugleich empfing er eine Gesandtschaft der Genuesen, welche ihm im Namen des Königs ihren Freistaat anboten[4]). Zum vierten oder fünften Male hat sich damals Genua unter französischen Schutz begeben[5]). Auch Ancona fiel in diesen Tagen den Franzosen zu[6]). Am 6. September brach Trivulzio auf, um in Mailand selbst einzuziehen. Natürlich kamen ihm die Vornehmen der Stadt entgegen; jene Offiziere, die Lodovico treu geblieben waren, wurden erstochen oder über die Mauern geworfen[7]).

Mit Jubel und Hochrufen auf Frankreich wurde der einziehende Trivulzio empfangen; französische Embleme schmückten die Häuser und es gab Niemanden, der in dieser Stunde nicht gut französisch gesinnt gewesen wäre[8]).

---

[1]) San. 1311. 1334. 1337. 1338. 1339. Revue hist. 1892. 59.
[2]) Prato 222.
[3]) Prato 222.
[4]) San. 1264.
[5]) Daru 326.
[6]) San. 1266.
[7]) Fuchs 262. Anm.
[8]) San. 1222. Jean d'Anton b. Zeller 60.

Gleich nach Uebergabe der Stadt ward eine französische Botschaft zur Schweiz gesendet, die dort eröffnen sollte, dass der König ihnen als Herzog von Mailand nicht minder Gnaden und Gutes erweisen werde, denn als König, sie sollten nur ihre Wünsche ihm kundthun; zugleich indess verlangte er eine Erneuerung des Verbotes, dass Niemand dem Lodovico Sforza, der bisher das Herzogthum widerrechtlich inne gehabt, wider ihn, den König, Hülfe leiste [1]).

Die Stadt war also übergeben, aber noch hielt sich das Schloss. Den Befehlshaber zur Uebergabe zu bereden, zum Verrath an seinem Herrn zu bestimmen, war das Bemühen Trivulzio's, der seine Versprechungen immer lockender, die Belohnungen, die seiner für die Uebergabe warteten, immer glänzender gestaltete, bis Bernardino, hingerissen von der Macht des Goldes und der Ehren, die seiner harrten, das Schloss ohne Schwertstreich übergab. Noch kurz vorher hatten die drei Häuser der Visconti, Borromei und Trivulzio Gesandte an ihn geschickt, und ihn dringend bitten lassen, wenigstens das Schloss, das für unüberwindlich galt, zu halten, solange noch Aussicht auf Hülfe und Unterstützung vorhanden wäre [2]).

Zudem hatte er Briefe von Maximilian und Lodovico erhalten, die ihn zum Ausharren ermunterten, aber alles war vergeblich gewesen. Am 17. September fiel das Schloss. Der Abscheu, der stets auf einem Verräther lastet, ward auch ihm reichlich zu Theil. Wohl zahlte man ihm die versprochene Belohnung, aber man mied seine Berührung, floh seinen Umgang.

Da fasste ihn Verzweiflung über das, was er gethan und er ging hin und erhängte sich. Ein Zufall rettete sein Leben.

Lodovico berathschlagte gerade in Innsbruck mit einigen Edlen, wie er sein Herzogthum wiedergewinnen könne, als ihm Briefe aus Mailand den Verrath Corte's meldeten. Er verstummte und blickte lange schweigend zu Boden. Dann sagte er: „Seit Judas hat es keinen grösseren Verräther gegeben, als Bernardino" und er redete während dieses Tages kein Wort mehr [3]).

[1]) Eidgen. Absch. a. a. O. 632.
[2]) San. 1221. 1222. 1352. 1362. 1374.
[3]) Rosmini III. 251. Anm.

Auf die Kunde von dem günstigen Verlauf der
italischen Dinge brach Ludwig XII. am 6. Sept., dem
Tage, da Trivulzio in Mailand einzog, von Lyon auf und
trat den Weg nach Oberitalien an.

Festlich empfangen, zog er am 2. Oktober in Pavia
ein. Dort erwartete ihn Francesco Gonzaga und der französische König, der seine Fähigkeiten wohl zu schätzen
wusste, bot ihm ein reichliches Gehalt, wenn er ein Bündniss
mit ihm eingehen wolle [1]). Aufs glänzendste feierten ihn
wenige Tage später die Mailänder, als er ihre Stadt betrat.
Der Glaube an den französischen König und das Heil, welches von ihm ausgehen sollte, war derselbe, welcher die
Venetianer beseelte und welchen sie später so bitter bereuen
sollten. Es stellt dem politischen Schartblick Lodovico's
ein glänzendes Zeugniss aus, dass er die geringe Festigkeit
des Bündnisses zwischen der Signorie und Ludwig durch-
schaute, und erkannte, dass Venedig den Dank der Fabel
ernten werde: zuletzt verschlungen zu werden.

Vorerst war indess noch eitel Freude und Glück bei
den venetianischen Gesandten, die hocherfreut über die
Leutseligkeit des Königs nach Hause schrieben, dass er
sie beim Einzuge in Mailand an seiner Seite gehabt habe[2]).

Die Fürsten sämmtlicher italischer Staaten hatten Gesandte geschickt oder waren persönlich erschienen und von
diesem glänzenden Kreise umgeben, hielt der französische
König seinen Einzug in die Stadt des hl. Ambrosius[3]).

Um sich die Gunst seiner neuen Unterthanen zu erwerben, beseitigte Ludwig einige der drückendsten und dem
Volke verhasstesten Steuern, die andern hingegen behielt er
bei und bestand auf ihrer Bezahlung. Die Mailänder, die
mit dem Einzuge des französischen Königs den Anbruch
eines goldenen Zeitalters erwartet hatten, waren sehr ent-
täuscht, als ihre Hoffnungen sich nur in so geringem Masse
erfüllten und nicht vieles von dem langen Wunschzettel
gewährt wurde, den sie dem Könige eingereicht hatten
und der auch die Forderung völliger Unabhängigkeit enthielt,
für den Fall, dass Ludwig ohne männliche Erben stürbe[4]).

---

[1]) Arch. stor. lomb. a. a. O. 1890. 665.

[2]) San. III. 24.

[3]) Genaueres bei San. III. 24. 25. Burch. Diar. II. 568.
Prato 228.

[4]) San. 1302. 1304. Rosm. storia III. 253. Rosm. Triv. II. 278.

Besonders unzufrieden mit der Anwesenheit des Königs und der Franzosen waren die führenden mailändischen Geschlechter und unter diesen wieder die Visconti. Sie baten deshalb den König, der schon den fünften Theil des Herzogthums Cremona und Chiara d'Adda an Venedig gegeben, ihr Land doch nicht zu theilen, eine Bitte, die der König verlachte, einer Antwort indess nicht würdigte. Da er aber sah, dass die Häupter des Volkes mit der Anwesenheit der Franzosen in Mailand sich nicht befreunden konnten, sondern eine Umgestaltung der Dinge zu Gunsten Lodovico's erstrebten, von dem in jenen Tagen die Nachricht eintraf, dass er mit 30 000 Mann ins Veronesische einzubrechen beabsichtigte[1]), da gedachte der König sich ihrer zu entledigen und liess sie nach Frankreich oder sonstwohin bringen, was die Mailänder wiederum sehr verstimmte[2]).

In derselben Zeit schlossen die Florentiner ein Bündniss mit Ludwig, in welchem er ihnen den Besitz von Pisa bestätigte und aller festen Plätze, welche sie seit dem Zuge Karls verloren hatten, mit Ausnahme jener, die im Besitze von Genua waren, und Florenz hingegen verpflichtete sich, innerhalb 3 Monaten dem Könige 50 000 Dukaten zu zahlen und zu seiner Unterstützung 400 Lanzen und 3000 Fusssoldaten auszurüsten und ihm jährlich 40 000 Dukaten zu zahlen, und grosse Freude herrschte darob bei ihnen. Und dieses Bündniss war abgeschlossen worden, ohne dass Ludwig es für nöthig befunden hätte, die Signorie davon in Kenntniss zu setzen[3]).

Noch während der Anwesenheit des Königs. kam es wegen der Steuern am 28. Oktober zu Unruhen, so dass er selbst begütigende Worte zum Volke sprechen musste[4]). Für die Verstimmung, die ihm aus dieser Stellungnahme des Volkes und der Nachricht erwuchs, dass die festen Schlösser am Comersee sich gegen die Franzosen hielten, entschädigte ihn auf andern Seite die Thatsache, dass der Herzog von Ferrara die Schutzherrschaft Frankreichs über sein Ländchen anerkannte und sich zum Kampfe gegen

[1]) San. III. 36.
[2]) San. III. 37.
[3]) San. III. 38.
[4]) San. III. 44.

Lodovico verpflichtete und ebenso der Marchese Francesco Gonzaga [1]).

Nachdem Ludwig die französische Herrschaft in Oberitalien auf feste Füsse gestellt zu haben glaubte, rüstete er sich zur Rückkehr nach Frankreich. Vorerst löste er jedoch das Wort, welches er Cesar Borgia gegeben und sandte ihm die versprochene Anzahl Soldaten zur Eroberung der Romagna [2]).

Kurz vor seiner Abreise, als sich wieder Unruhen erhoben hatten, rief er noch einmal das Volk zusammen und wies auf seine guten Absichten hinsichtlich des Herzogthums hin, nicht zu tyrannisiren, sei er gekommen. Für jedes Jahr stellte er den Mailändern seinen Besuch in Aussicht und ermahnte sie, die Steuern zu zahlen, sie kämen ja den Bürgern selbst zu Gute. Und das Volk erneuerte ihm den Schwur der Treue [3]).

Am 7. November brach Ludwig von Mailand auf und nahm mit sich den Sohn Giangaleazzos, Francesco, dessen Auslieferung Lodovico einst so dringend erbeten. Ihm hatte Isabella dies verweigert, aber der Güte und dem Charakter Ludwigs vertraute sie und hatte nicht gezögert, als Ludwig nach Mailand kam, den Knaben ihm zu übergeben. Als einziger und rechtmässiger Prätendent des Herzogthums dünkte er dem französischen König eine werthvolle Erwerbung für seine mailändische Politik. Er war damals ungefähr neun Jahre alt und so bezaubernd schön, dass Antimaco über ihn Isabellen sagte: Ich glaube nicht, dass Natur oder Kunst je ein schöneres Antlitz geschaffen haben [4]).

Die bedauernswerthe Mutter, die in so frühen Jahren Wittwe geworden war und nun auch den Sohn verlieren musste, an welchem sie mit der ganzen Zärtlichkeit eines Mutterherzens hing, vermochte diesen Schlag kaum zu verwinden. Sie befand sich in trostlosem Zustande. Aus

---

[1]) San. 44. 45.
[2]) Prato 235.
[3]) San. III. 48.
[4]) Arch. stor. lomb. 1890. 666 San. III. 32. — Die Sforzen sind überhaupt ein sehr schönes Geschlecht gewesen, wenn man einigen Epigrammen trauen darf, abgedr. Arch. lomb. 1886. 53 ff.

dieser Zeit stammt eine Briefunterschrift von ihr: Isabella von Aragonien, in ihrem Schmerze vereinsamt[1]).

Nach dem Wegzuge des Königs liess Trivulzio, um die Lücken, welche durch die Hülfesendung in die Romagna entstanden waren, einigermassen auszufüllen, 300 Deutsche nach Mailand kommen und siedelte sie zu seiner grösseren Sicherheit im Schlosse an, wo er selbst wohnte[2]). Wie in Mailand unter den Augen des Königs, so brachen auch an andern Stellen der Lombardei Unruhen und Tumulte aus und in Parma ist es dabei den Franzosen recht schlecht ergangen[3]). Denn nicht nur hinsichtlich der Abgaben und der allgemeinen staatlichen Bestimmungen herrschte grosse Unzufriedenheit, auch das rein persönliche Verhalten der Franzosen, ihre Zuchtlosigkeit und Leidenschaft, waren derartig, dass fortwährende Empörungen sich nothwendig ergeben mussten[4]).

Dazu kam das Auftreten Trivulzio's selbst. Rein militärische Eigenschaften besass er ja wohl in sehr hohem Masse, aber die Gabe mit den Bürgern zu verkehren, fehlte ihm vollständig. Dabei war er hochfahrend, rachsüchtig und trug eine Verachtung zur Schau, die durch das Bewusstsein Vicekönig zu sein, stetig genährt wurde. Sein Auftreten war glänzender, als das der Herzöge von Mailand gewesen war; seine Kleidung reicher, als die, welche jene getragen und in diesem prunkvollen Aufzuge durchritt er täglich die Stadt und bestrafte alle aufs strengste, die den ehrfurchtsvollen Gruss, welchen er verlangte, ihm verweigerten[5]).

So lag es auf der Hand, dass er die günstige Gelegenheit, welche sich ihm jetzt bot: als Haupt der Welfen an den Ghibellinen Rache zu nehmen, nicht ungenutzt vorübergehen liess. Offen konnten diese ihm nicht entgegentreten, denn er besass die Macht, aber sie unterwühlten

---

[1]) Arch. 666. — Ludwig XII. bestimmte den Knaben zum geistlichen und speziell zum Mönchsstande. Als solcher starb er bereits 1510, durch einen Sturz mit dem Pferde tödtlich verletzt. Nach einigen Nachrichten soll Ludwig ihn zum Abt des Klosters Noirmoutier gemacht haben. Fuchs 264. Ratti 58.

[2]) Prato 236.

[3]) San. III. 51.

[4]) Rosmini III. 255.

[5]) Varillas 58.

den Boden, darauf er stand. Mit Verdruss und Ingrimm
hatten sie ertragen, dass der König die letzten Schenkungen
Lodovico's an die mailändischen Adelsfamilien nicht be-
stätigt hatte, und es fiel ihnen schwer, sich unter das Joch
eines Mannes zu beugen, der ihnen gleich und aus ihrer
Mitte genommen war und durch dessen Wahl der König
gezeigt hatte, wie wenig er gesonnen sei, ihre Gefühle
und Empfindungen zu berücksichtigen [1]).
    Auch in die Reihen des Heeres trugen die Ghibellinen
den Samen der Unzufriedenheit, indem sie den Soldaten
vorstellten, wie schmachvoll es für sie sei, einem Fremden
gehorchen zu müssen und dass unter ihnen bessere Edelleute zu finden seien [2]).
    Lodovico war über diese Stimmungsänderung sehr wohl
unterrichtet. Mit grossem Schmerze hatte er den Fall Cre-
monsa und Mailands erfahren und der Verrath da Corte's
hatte, wie wir sahen, einen tiefen Eindruck auf ihn gemacht [3]).
Aber er war nicht der Mann, in thatlosem Brüten zu
verharren. Hatte er bei seiner Flucht jenen, die er in
Mailand zurückgelassen, Hülfe versprochen, so war er fest
entschlossen, ihnen und sich diese Hülfe zu bringen. Von
dem Kaiser konnte er Unterstützung freilich nicht erhoffen,
obwohl dieser sie ihm mit einem Eide gelobt, aber Lodovico kannte diese kaiserlichen Versprechungen zu gut, als
dass er auf ihnen seine Pläne aufgebaut haben würde [4]).
Er begnügte sich mit der Erlaubniss, in kaiserlichen Landen
werben zu dürfen, und sein Geld führte die Blüthe deutscher
Reiterei zu seinen Fahnen [5]). Was sein Fussvolk anbetraf,
so erhielt er weniger Mannschaft aus Deutschland [6]) und
gab sich auch nicht sonderlich Mühe es dort zu sammeln,
sondern er hoffte von dem in diesen Tagen zwischen
Max und den Schweizern geschlossenen Frieden seinen
Nutzen ziehen zu können. Denn er hatte reichlich Antheil
an diesem Frieden. Mit allen Mitteln hatte sein treuer
Visconti gearbeitet, Geld und Anstrengungen nicht gescheut, um hier für den Herzog günstige Verhältnisse zu

---

[1]) Rosmini III. 255.
[2]) Varillas 59.
[3]) s. auch San. III. 18.
[4]) Varillas 59.
[5]) ibid.
[6]) ibid.

schaffen. Und es war ihm gelungen, seine Absichten zu erreichen. Als dann am 22. September der Friede geschlossen war[1]), da konnte Lodovico getroster in die Zukunft blicken, denn Schweizer und Landsknechte waren jetzt frei und mit ihrer Hülfe sein Herzogthum wieder zu erobern, das lag schon in der Absicht Lodovico's, da er, ein landflüchtiger Mann, an den Hof seines königlichen Freundes eilte. Als nun von allen Seiten Hülferufe zu ihm drangen und von allen mailändischen Städten die letzte, Tirano, am 9. November gefallen war, an demselben Tage, da Lodovico wieder mit dem Sultan anknüpfte, ihn gegen Venedig zu hetzen[2]), und als er aus Briefen entnahm, wie schnell und gründlich das französische Regiment sich verhasst gemacht hatte und die Lombarden wie giftgeschwollene Vipern den Franzosen gegenüberständen[3]), da warb er mit eigenen Mitteln und auf eigene Faust 8000 Schweizer[4]) (zum grössten Missvergnügen des Königs, der an die Schweiz das Verlangen stellte, man solle das Treiben derer abstellen, die sich rühmten, Diener des Herzogs Ludwig zu sein), und 500 burgundische Landsknechte und betrieb alles zu einem Zuge gegen Mailand. Das Bestreben Lodovico's, Schweizer-Söldner in seinen Dienst zu ziehen, wurde dadurch noch unterstützt, dass die Schweizer die Ueberzeugung hegten, der König habe ihnen ihr Versprechen nicht gehalten, da er die eidgenöss. Knechte um ihren Sold betrogen, sie schmählich gehalten und in fremde Kriege geschickt habe[5]). Dass Maximilian, dessen Mahnungen zur Ruhe Lodovico in den Wind geschlagen, darüber erzürnt, nichts für Lodovico thun wollte[6]), ist unwahrscheinlich, da die Berufung eines Reichstags zur Wiedereinsetzung des Herzogs[7]) damit in direktesten Widerspruch treten würde; möglich ist indess wohl, dass der römische König in seinem Aerger darüber, dass Lodovico seinen Mahnungen kein Gehör gab, wohl schon

[1]) Der Friedensvertrag Eidg. Absch. a. a. O. 758 ff.

[2]) Fuchs 260. Ulmann 801.

[3]) Jean d'Anton bei Zeller 70. San. 73.

[4]) So gibt Guicciardini an; Abweichungen von dieser Angabe bei Rosmini, Trivulzio 338. Anm. Eidg. Absch. 3[2] 1.

[5]) Eidg. Absch. a. a. O.

[6]) San. 48.

[7]) Ulmann 799.

solch ein Wort mag hingeworfen haben. Das warme
Eintreten für Lodovico zu Beginn des folgenden Jahres
schliesst jede ernsthafte Absicht des Königs ihn in dem
Entscheidungskampfe allein zu lassen, völlig aus.

Anfang Januar 1500 sandte Lodovico von Brixen aus
in die gährende Stadt Mailand einen Brief, durch den er
die Seinen ermuthigte unter Hinweis auf seine Truppen-
werbungen[1]). Zugleich verbreitete sich dort das Gerücht,
Lodovico habe auch Schweizer in seinen Dienst genommen[2]),
Nachrichten, zu deren Erläuterung bald nachher die Kunde
eintraf, Lodovico schicke sich an, mit 12000 Schweizern
und 1500 burgundischen Lanzen, alles in allem aber 30000
Mann ins Veltlin einzubrechen und gegen Como hin zu
marschiren, gestützt auf den Anhang, den er noch in
Mailand habe[3]). Die Zahlen sind jedenfalls übertrieben;
sie sind zwar sehr schwankend überliefert, aber dass die
Stärke des Heeres keine 30000 Mann betragen haben
kann, ist klar[4]). Von der Werbung Lodovico's in der
Schweiz benachrichtigt, und durch den Erfolg, den sein
treuer Visconti dabei hatte, beunruhigt[5]), erhoben die Franzosen ein grosses Geschrei und also verbot man allen Eidgenossen strenge dem Herzoge zu und wider die Franzosen
zu ziehen[6]). Nachdem Lodovico ein Heer gesammelt hatte,
brach er am 24. Januar von Brixen auf und begann den
Zug, der nach glänzenden Anfängen ein so jähes Ende
finden sollte. Nirgendwo stiess er auf ernsthaften Widerstand, denn die französischen Besatzungen waren zu schwach,
dem heranrückenden Heere Widerstand leisten zu können.
Wie einst den Franzosen auf ihrem Zuge in die Lombardei
Stadt auf Stadt, Schloss auf Schloss in die Hände gefallen
war, so übergaben auch jetzt bei dem Heranrücken Lodovico's die Franzosen die schlecht befestigten Plätze und
Como empfing die Einziehenden mit begeistertem Jubel[7]).

[1]) San. 77.

[2]) ibid.

[3]) San. 85.

[4]) Fuchs gibt 20000 Mann an, Ranke 14500, nach Varillas behaupten die italischen Historiker, er habe nur 9200 Mann gehabt u. s. f.

[5]) Fuchs 282.

[6]) ibid. Anm. 198.

[7]) Über diesen Siegeslauf hat Lodovico selbst eine ausführ-
liche Schilderung gegeben in einem Briefe an Isabella von Mantua
d. d. Mailand 5. Februar 1500. Arch. stor. lomb. 1890. 669 ff.

Diese Stadt zu halten, hatte Trivulzio den Grafen Ligny abgesandt und dieser hatte in Eilmärschen thatsächlich die Stadt erreicht, bevor Lodovico dort angelangt war. Aber seine unzureichenden Streitkräfte und die feindliche Stimmung der Bürgerschaft zwangen ihn beim Heranrücken des Herzogs den Platz zu räumen [1]). In Mailand hatte das Volk schon am 27. Januar zu den Waffen gegriffen, Trivulzio hatte daraufhin seine Truppen zusammengezogen und hielt sich tapfer [2]), als aber am 1. Februar die Nachricht von dem Falle Como's eintraf, kam die Empörung zu vollem Ausbruch. Welfen und Ghibellinen eilten zu den Waffen. „Trivulzio nahm zuerst den Platz zwischen Dom und Palast ein; aber die Ghibellinen hatten Muth, sie stellten sich um ihn und die Seinen her [3])". Trivulzio glaubte den Ausbruch lange genährten Grolles und tiefer Erbitterung durch Worte beschwichtigen zu können. Aber alle Versprechungen und Zusagen, deren Gewähr für den Fall seines Sieges doch sehr zweifelhaft, konnten ebensowenig Eindruck machen, wie die Drohungen, welche er anknüpfte. Wuchs doch die Kraft und der Muth des Volkes mit jeder Stunde, die ihm den Retter näher brachte. So kam es denn zum Kampfe und es wurde bis zum Abend gestritten, dann zogen die Franzosen sich in den Schutz des Kastell's zurück [4]).

Während der Nacht gewährte Mailand den Anblick einer belagerten Stadt. Die Ghibellinen zwangen auch die friedlichen Bürger unter den Waffen zu bleiben, die Glocken läuteten Sturm und am nächsten Morgen, am 2. Februar, verliess Trivulzio, der schon während des Strassenkampfes am vorigen Tage in Gefahr gewesen, aus welcher ihn Bernardino Visconti mit eigener Lebensgefahr rettete [5]), die Stadt und vereinigte sich mit dem von Como kommenden Grafen Ligny. Am andern Morgen entwichen sie dann ins Piemontesische [6]), um Mortara und

---

[1]) Vgl. den Brief Lodovico's Varillas 61.
[2]) Prato 237.
[3]) Ranke 126.
[4]) Vgl. den Brief Lodovico's.
[5]) Kindt, Diss. Greifswald 1890. 3.
[6]) Rosmini III. 260. 261.

Novara zu halten[1]). Mit Grausamkeiten jeder Art gingen sie gegen die Landbevölkerung vor, welche ihnen durch Hindernisse aller Art den Weg verlegen wollten[2]). Dafür wüthete aber auch der mailändische Pöbel in einer Weise, dass man betete: A furore populi libera nos, Domine[3]).

Am Morgen des 3. Februar hielt Ascanio Sforza, begleitet von Galeazzo Visconti, sowie dem Grafen Hermes Sforza, einem Bruder Giangaleazzo's seinen Einzug in Mailand unter rasendem Beifallgeschrei der Menge; seine Absicht, den fliehenden Feind zu verfolgen, scheiterte an dem Mangel jeglicher Reiterei[4]). Lodovico folgte ihm in wenigen Tagen. Kurz vor Mailand, in Mirabello, einem Landgut des Hauses Landriani, verbrachte der Herzog den 4. Februar und nahm mit der grössten Befriedigung wahr, dass die Zahl der Edelleute, welche zu ihm kamen, stets mehr und mehr wuchs; die Mauern hallten wieder von Jubelgeschrei und jedermann war glücklich[5]). Am nächsten Morgen befragte er zunächst seinen Astrologen und wartete dann die geeignete Stunde ab, bevor er die Stadt betrat. Eine ungeheure Menge hielt die Strassen besetzt und bei seinem Anblick erhob sich ein solches Geschrei und ein solcher Sturm der Begeisterung, wie vorher nie etwas gehört worden war[6]).

So schrieb Lodovico trunken von Glück an Isabella; ob er in ruhigen Augenblicken wohl nicht selbst erwogen haben mag, dass dieser Zustand der Ekstase nur das letzte, freilich glanzvolle Aufleuchten seines erbleichenden Sternes sein könnte! Gewissheit darüber schufen ihm die Ereignisse der nächsten Tage. Vorläufig wurde indess der Freudetaumel, der schon beim Einzuge seine Sinne umnebelt hatte, noch gesteigert durch die Nachricht, dass Lodi, Piacenza[7]), Pavia, Tortona und Alessandrien wieder in seinem Besitze und dass bis zu den Grenzen Venetiens alles Land ihm zurückgegeben sei, so dass er die Hoffnung

---

[1]) Varillas 62.
[2]) Morone b. Rosmini Triv. II. 285.
[3]) Prato 240.
[4]) Vgl. Lod. Brief. San. 102.
[5]) ibid.
[6]) ibid.
[7]) Abweichend San. 107.

hegen konnte, in kurzer Zeit das gesammte Herzogthum wieder zu besitzen [1]).

Auf die Nachricht, dass Ascanio in Mailand eingezogen, theilte der französische König Trivulzio mit, er selbst gedenke Mitte März mit starker Heeresmacht nach Italien zu kommen [2]). Nachdem Lodovico in Mailand angelangt war, liess er es seine grösste Sorge sein, den Sieg auszunutzen, d. h. die noch nicht eroberten Plätze wiederzugewinnen und durch vollständige Verdrängung der Franzosen aus dem Herzogthum, dessen Rückeroberung zu vollenden. Daher mussten noch am Tage seines Einzuges Visconti und Federigo Sanseverino zur Verfolgung des Feindes aufbrechen und er selbst rüstete sich für den nächsten Morgen [3]).

In diesen Tagen hatte sich Lodovico wiederum an Venedig gewandt und Briefe hingeschickt, in denen er die Vermittlung der Signorie anrief, welche wohl im Stande wäre, wenn sie den Willen dazu besässe, die Dinge friedlich zu schlichten. Die Signorie schickte indess diese Briefe nach Frankreich [4]). Noch einmal verpflichteten sich der Papst und Venedig, in der Treue zum französischen Könige verharren zu wollen, umsomehr, da der Papst durch die Nachricht von dem Einzuge Ascanio's, die am 7. Februar nach Rom gelangte, sehr verstimmt war [5]). Nachdem Lodovico für die Befestigung Mailands Sorge getragen [6]) und seinen Bruder Ascanio für die Zeit seiner Abwesenheit zum Gouverneur gemacht hatte [7]), legte er Francesco Gonzaga in einem Schreiben seine Pläne hinsichtlich der Verfolgung der Franzosen dar, bat ihn dringend um seine Hülfe [8]) und brach am Morgen des 6. Februar mit seinem Heere nach Pavia auf.

Auch dort war seine Aufnahme eine begeisterte, aber hier trat ihm zuerst vor Augen, wie gewagt sein ganzes Unternehmen war, welches er ohne genügende Geldmittel

---

[1]) Vgl. den Brief Lodovico's.
[2]) San. 116.
[3]) Vgl. den Brief Lodovico's.
[4]) San. 120.
[5]) San. 109.
[6]) San. 107.
[7]) Prato 240.
[8]) Arch. lomb. 1890. a. a. O. 672.

unternommen — eine einmalige Soldzahlung verschlang ungefähr seine sämmtlichen Gelder. Die freundliche Aufforderung Ascanios an die Mailänder, diesem Mangel abzuhelfen, hatte nur sehr geringen Erfolg [1]). Dazu blieb die so oft versprochene und angezeigte deutsche Hülfe aus [2]).

War durch die misslichen Geldverhältnisse die Lage Lodovico's eine sehr schwierige und bei weitem nicht so glänzend, wie er sie sich in der Begeisterung seines Einzuges ausgemalt hatte, so steigerten sich die Schwierigkeiten dadurch, dass die Franzosen, welche das Kastell von Mailand noch in Händen hielten, seine Hauptstadt fortwährend beunruhigten und mordend und plündernd durch das Land zogen, eine Plage, zu deren Abwendung der Kardinal Ascanio am Feste des hl. Ambrosius, diesem Stadtheiligen zu Ehren und den Bürgern zum Nutzen feierliche Bittgänge veranstaltete [3]).

Während Lodovico nun in Pavia sass, suchte Trivulzio eine Vereinigung mit Venedig zu betreiben. Sein Plan ging dahin, Mailand zu belagern und zu diesem Zwecke erwartete er noch weitere französische Truppen [4]).

Er rechnete dabei mit der Stimmung in Mailand, von der er wusste, dass sie über die Art und Weise, wie Ascanio Geld erpresste, ziemlich erbittert war [5]). Lodovico fing an, besorgt zu werden. Briefe über Briefe sandte er an Franzesco Gonzaga, ihn zur Eile zu spornen und ihn dringend um Unterstützung zu bitten [6]). War nun Francesco auch nichts weniger als ein Freund Venedigs, so wusste er doch, welch hohen Einsatz er wage, wenn er für Lodovico zum Schwerte greife, und jegliche Feindseligkeit gegen Frankreich und Venedig wollte er vermeiden [7]). Umsonst suchte Lodovico ihm die Furcht zu benehmen durch ein längeres Schreiben, in welchem er ihm die Gefahren entwickelte, die ihn selbst bei einem Siege der Franzosen bedrohten [8]), durch nichts war Gon-

[1]) Prato 241.
[2]) San. 117.
[3]) Prato 241.
[4]) San. 120.
[5]) Chron. ven. 148.
[6]) Arch. lomb. 1890. 672 ff. Magenta II. 482/483.
[7]) San. 100. 109. Revue hist. 1892. 56.
[8]) Arch. lomb. 1890. 673.

zaga zu bewegen, für Lodovico den Kampf zu beginnen.
Wohl sandte er seinen Bruder Giovanni zu dem Herzoge
und unterstützte ihn heimlich mit Geld und Mannschaft,
ebenso wie der Herzog von Ferrara, aber er vermied
ängstlich alles, wodurch er dem französischen Könige,
von dem er vieles erhoffte, missfallen konnte[1]).
Fünfzehn Tage verweilte Lodovico in Pavia, dann
zog er weiter nach Vigevano, seinem Geburtsort, und belagerte es. Vigevano war indess sehr stark befestigt und
leistete solchen Widerstand, dass der Herzog, der nur an
schnelle Eroberungen die Hoffnung seines Sieges knüpfte,
über die lange Belagerung sehr niedergedrückt schien.
Da boten ihm seine Schweizer, unter der Bedingung, dass
er ihnen nach der Einnahme der Stadt die Plünderung
gestatte, den Sturm auf die Festung an, und Lodovico
zögerte nicht, auf dieses Anerbieten einzugehen. Als
die Schweizer daraufhin den Sturm begannen, sahen die
Vigevaneschen, dass sie einer solchen Wucht einen nach-
haltigeren Widerstand nicht entgegenzusetzen vermöchten,
und liessen dem Herzog heimlich das Anerbieten zugehen,
gegen Erstattung einer entsprechenden Summe ihnen die
Plünderung zu ersparen. Lodovico, für welchen diese
Stadt als Geburtsstadt nun doch eine Fülle trauter Erinnerungen bot, nahm ihren Vorschlag an, zur grössten
Unzufriedenheit seiner Schweizer, denen er zur Entschädigung Novara zur Plünderung zu überlassen sich
verpflichten musste[2]). In dieser Zeit, da Lodovico Vigevano
belagerte, ward in Pavia eine Verschwörung zum Sturze
seiner Herrschaft entdeckt und zeigte sich in dem ganzen
Herzogthum eine bedenkliche Hinneigung zu Frankreich[3]).
Dennoch rückte Lodovico, ohne sich in seinen Plänen irre
machen zu lassen, vor Novara und belagerte die Stadt.
Während er vor dieser Festung lag, kamen ihm Hülfs-
kräfte aus Burgund und Deutschland zu, so dass er zu
Anfang des März ein wohlgerüstetes und treffliches Heer
zu seiner Verfügung hatte[4]).
. Aber bei aller Hülfe und jeder Verstärkung, die ihm

[1]) Arch. lomb. 1890. 674. San. 116.
[2]) Rosmini III. 264, Rosm. Triv. II. 285. Prato 243. Magenta II. 483.
[3]) Magenta I. 558.
[4]) Rosm. Triv. II. 286.

auch zukam, konnte er doch die Schweizer nicht entbehren, und wenn sie ihm ihre Hülfe versagten, dann musste er seine Sache als verloren aufgeben. Und eben in diesen Tagen waren seine Bemühungen um weitere schweizerische Unterstützung ebenso eifrig wie erfolglos. Denn die Schweizer erklärten, von dem französischen Bündniss nicht abgehen zu wollen, in diesem Bestreben nachdrücklichst unterstützt von dem gewandten Baillif von Dijon, Anton de Bessey. Es war die Zeit, wo auch Maximilian in die Verhandlungen eingriff und den Bischof von Worms, Dalberg, mit etlichen Räthen in die Schweiz sandte, um dort helfend und vermittelnd für seinen Schwager einzutreten. Warnte Maximilian die Schweizer vor den Souveränitätsgelüsten des französischen Königs, der darauf ausgehe, gar die Kaiserkrone zu erlangen, so begann der französische Gesandte, der Erzbischof von Sens, der schon früher in der Schweiz gewühlt hatte, mit Klagen über das Benehmen der Graubündner, die „trotz des Jahrgeldes, welches sie von dem französischen Könige bezögen, sich doch nicht gescheut hätten, ebenso wie die Walliser dem Herzoge zu Hülfe zu ziehen und vermischte dann Versprechungen des Königs und Schmähungen gegen Lodovico, bis er endlich in einer langen Reihe von rechtlichen Beweisen, künstlergriffenen Vernunftschlüssen und -gründen die Erbschaftsrechte seines Königs mit tiefem Ernste und im wärmsten Eifer den Boten der Schweizer vorzulegen begann, als wären diese ins Richteramt über das Mein und Dein der grossen Herren gesessen[1])". Da erhielten die Boten Maximilians eine abschlägige Antwort. Trivulzio, zu dessen Kenntniss das Versprechen Lodovico's gelangt war, Novara seinen Schweizern zur Plünderung zu überlassen, erachtete es nunmehr als seine Hauptaufgabe, es dazu nicht kommen zu lassen und so die Verstimmung der Schweizer noch zu steigern. Zu diesem Zwecke sandte er Boten an den Grafen von Misocco, der dort kommandirte mit der Weisung, die Stadt zu übergeben, damit sie vor grösserem Schaden bewahrt bleibe[2]). Die Einwohner, von diesem Plan in Kenntniss gesetzt, sahen den Vortheil, der ihnen daraus erwachsen konnte, wohl ein, schickten

---

[1]) Fuchs 290.
[2]) Rusconi 62.

an Lodovico und besprachen sich mit ihm, um sich gegen Erlegung von 60 000 Dukaten loszukaufen[1]). Lodovico beging die furchtbare Unklugheit, sich darauf einzulassen und reizte dadurch seine Schweizer, die sich in ihrer Gier nach Beute zum zweiten Male getäuscht sahen, aufs äusserste[2]). Die Stadt wurde übergeben, nur nicht das Castell; denn dort befehligte Bayard, der Ritter ohne Furcht und Tadel, der sich auf dieses Abkommen nicht einlassen wollte.

Es ist unbegreiflich, wie Lodovico ausser dem Fehler, welchen er durch die Nachgiebigkeit gegen die Novaresen beging, noch einen zweiten dadurch begehen konnte, dass er der Besatzung von Novara zugestand, mit Waffen und Pferden abzuziehen, ohne auf die warnenden Mahnungen seiner Umgebung zu hören[3]). Eine zahlreiche Eskorte begleitete die Franzosen bis Piemont[4]).

In Mailand wurde der Fall Novaras mit ungeheurem Jubel aufgenommen. In diese Stadt warf sich Lodovico nun mit allen seinen Völkern. Dann begab er sich am 24. März nach Mailand, nachdem er die Brüder Sanseverino mit der Weisung zurückgelassen hatte, jeglichen Kampf zu vermeiden. Der Zweck seiner mailändischen Reise war: Gelder einzutreiben und die Einnahme Novaras festlich zu begehen[5]).

Die Zeit der Abwesenheit des Herzogs wusste Trivulzio wieder trefflich zu nutzen. Nicht, als ob er geschlagen hätte, jetzt, wo das Heer Lodovico's ohne Haupt war, dazu reichten seine Kräfte nicht; aber er intriguirte und minirte unaufhörlich. Hatte er durch seine Bemühungen bei den Novaresen thatsächlich erreicht, dass diese durch die Uebergabe der Stadt die Schweizer des Herzogs wanken machten, so galt es jetzt, auf diesem Felde weiter zu arbeiten und es dahin zu bringen, dass die Schweizer sich völlig vom Herzog abwendeten. Hier setzte er den Hebel an, mit welchem Erfolge werden wir sehen[6]).

---

[1]) San. 162. Prato 244. Rosm. III. 264. 265.
[2]) Prato 244. Rosm. 265.
[3]) Varillas 62. 63.
[4]) ibid.
[5]) Rosm. III. 265. Prato 245. San. 166.
[6]) Prato 245.

Nicht bei allen erregten die Feste, welche Ende März in Mailand gefeiert wurden, ungetrübt fröhliche Stimmung. Es gab doch viele, welche voraussahen, zu welchem Ende das ganze Unternehmen Lodovico's führen werde und ihre Bedenken nicht verhehlten[1]), und, ihre Gefühle theilend, schliesst Morone seine Schilderung dieser Tage mit der düstern Bemerkung, dass alle jene, denen die Erfahrung ein Recht gibt, zu urtheilen, den Ausgang der sforzischen Sache für geradezu verzweifelt halten[2]).

Nach den Mailänder Festtagen kehrte Lodovico wieder zu seinem Heere zurück, um es, wie er hoffte, zu weiteren Siegen zu führen. Aber zwei Feinde drohten ihm: Der französische König und der Abfall der Schweizer.

Ludwig XII. war in Loches, als er die Kunde von den Umwälzungen in der Lombardei empfing. Unzufrieden, dass alles so ganz anders gekommen, als er es sich gedacht hatte, beschloss er, mit verdoppelter Anstrengung das Verlorene wiederzugewinnen. Er begab sich deshalb am 6. März nach Lyon, um von hier aus, wie er ja auch Trivulzio geschrieben, den Wiedereroberungszug zu beginnen[1]). Mit Rüstungen beschäftigt, erfuhr er dort am 24. März den Fall von Novara und nun sandte er Tremouille nach Italien, sich mit Ligny und Trivulzio zu vereinigen[2]) und den ärgerlichen Streit, der hinsichtlich der Verpflegung zwischen diesen beiden herrschte[3]), beizulegen. Schon vorher hatte Ludwig indess Verstärkung nach Italien gesandt, denn bereits am 25. März war in Florenz die Nachricht verbreitet, dass 1500 Mann, vom französischen Könige geschickt, sich im Sturmschritt näherten[4]). Maximilian, der bei der wachsenden Gefahr nun doch etwas für seinen Schwager thun wollte, bedrohte die Grenzen Burgunds, so dass Ludwig den Herzog von Orleans an die bedrohten Grenzen senden musste[5]). Er selbst wollte noch nicht nach Italien gehen, damit Frankreich nicht völlig sich selbst überlassen wäre[6]).

---

[1]) San. 155. 158. 161. Chron. Ven. 147.
[2]) Rosmini II. 287.
[3]) San. 139. 140. 153. St. Gelais bei Zeller 83.
[4]) San. 186.
[5]) Varillas 63.
[6]) Landucci, Diario fiorentino 207.
[7]) San. 187.
[8]) Chron. Ven. 149.

In diesen Tagen verbreitete sich das Gerücht, man erwarte die Herzöge von Sachsen und Bayern in Oberitalien zum Schutze Lodovico's und es seien bereits 4 Fähnlein deutscher Truppen in Mailand angelangt[1]). Es hätte der deutschen Hülfe wohl bedurft. Denn die Verhältnisse im Lager Lodovicos waren die denkbar traurigsten. Da die Zufuhr aus Deutschland abgeschnitten war, litten seine Leute grossen Hunger und es war wohl nicht zum wenigsten durch diesen Mangel eine Disziplinlosigkeit sondergleichen eingerissen. Jeglicher Unterschied zwischen Vorgesetzten und Untergebenen schien aufgehoben, der Oberkommandirende fehlte und, da die Mailänder des ewigen Zahlens müde waren, that der peinigende Geldmangel das Seine, die Verwirrung zu steigern und die Hoffnungslosigkeit der Sache Lodovico's zu vollenden[2]). Für Frankreich war natürlich unter solchen Verhälnissen der Boden geebnet. Schon auf die Nachricht, dass das Kastell in Novara sich gehalten, hatte der französische König nichts versäumt, es zu befestigen und zu verstärken, umsomehr, als auch von der Schweiz günstige Nachrichten einliefen.

Denn der Baillif von Dijon, der für Ludwig dort thätig war, vermochte ihm gute Nachrichten zu senden: konnte er doch trotz des strengen Verbots der Reislauferei 24000 Söldner zu dem französischen Heere stossen lassen[3]).

Noch einmal sandte Lodovico zu den Schweizern, um sie um Hülfe zu bitten und bot ihnen Lugano, Locarno, Mendrisio und Val-Maggia insgesammt, den Kantonen Uri, Schwyz und Unterwalden, die Stadt und Grafschaft Bellinzona an, sogleich 40000 und jährlich 24000 Dukaten, wofern sie ihn des Königs entledigten[4]).

Aber er erreichte nur, dass der Beschluss gefasst wurde, am 8. April Vermittlungsverhandlungen zwischen beiden beginnen zu lassen: bis dahin sollten die Schweizer auf beiden Seiten sich des Kampfes enthalten, damit kein Bruderblut vergossen würde[5]). Unterdessen sollten

---

[1]) San. 187.
[2]) San. 190.
[3]) Kindt. 6.
[4]) Fuchs 292 f.
[5]) Kindt 7. Eidgen. Abschiede 3² 23.

Eilboten nach Italien gesandt werden, um diesen Beschluss
der Tagsatzung zu verkünden und die Schweizer vom
Kampfe zurückzuhalten[1]). Die Söldner Lodovico's erhielten
diesen Befehl, jene auf französischer Seite nicht[2]).

Lodovico's Stern erblich. Mit dieser Doppelzüngigkeit
war seine Sache entschieden, er selbst verloren. Die Erbitterung über den Entschluss des Herzogs, Novara zu
schonen, bewog die Schweizer, ihren Herrn zu verrathen.

„Hätte er Novara plündern lassen, so wäre er später
nicht gefangen worden“, schrieben sie an Trivulzio und
der italische Chronist, dem diese Stelle entnommen, greift
zu den Worten der Bibel: „Und es suchten die Deutschen
den Mohren zu überliefern und sie schrieben an Trivulzio
und die Franzosen: Was wollet Ihr uns geben, wenn wir
ihn Euch verrathen?[3])

Lodovico, für den sich in den ersten Tagen des April
in Mailand 6000 (nach anderen 8, 10, ja 14000) Mann
rüsteten, schwankte keinen Augenblick, die Schlacht anzunehmen, welche ihm die dreimal stärkeren Franzosen anboten. Aber kaum hatte er Novara verlassen und sah sich
im offenen Felde dem Feinde gegenüber, als die Schweizer
unter Hinweis auf die Vorschrift ihrer Tagsatzung den
Kampf weigerten und durch diese Weigerung auch die
übrigen Truppen veranlassten, schleunigst die sichern
Mauern Novara's aufzusuchen und hinter ihnen sich zu
bergen[4]). Damit war Lodovico's Schicksal entschieden.
Er fühlte dies selbst und schlug den Weg der Vermittlung
ein. Noch in derselben Nacht sandte er an seinen Freund
und Verwandten, den Herzog von Ligny, Brief und Boten,
um mit ihm in Unterhandlung zu treten[5]). Am andern
Morgen, als die Abmachungen zwischen Ligny und Lodovico bekannt wurden und sich verbreitete, dass Ligny dem
Herzoge freien Abzug gewährt hatte, erklärten die übrigen
französischen Führer, empört und entrüstet, auf diesen

---

[1]) ibid.

[2]) vergl. darüber San. 196. 200.

[3]) li todeschi sempre cercorno de tradir el Moro, et scripto
al sig. Jo. Jacomo (Trivulzio) et a signori Francesi, quid vultis
michi sive nobis dare et nos eum vobis trademus.
A. de Paullo bei Rusconi 61. 62.

[4]) Verri 128.

[5]) Rosmini II. 290.

Punkt sich nicht einlassen zu wollen⁴). Deshalb traten die französischen Hauptleute in direkte Verhandlungen mit dem Heere Lodovico's und trafen eine Abmachung, auf Grund deren sie den Schweizern (Deutschen) und Burgundern freien Abzug gewährten; auf die Forderung der Franzosen, Lodovico ihnen auszuliefern, gingen jene zwar nicht ein, versprachen aber, sich dem Aufgreifen desselben nicht widersetzen zu wollen; hofften indess ihn vielleicht verkleidet entführen zu können⁵). Lodovico selbst zeigte in dieser Zeit eine sehr unentschlossene Haltung. Trotzdem er in Unterhandlung mit Ligny steht, denkt er daran durch seine Hauptleute mit dem französischen Heere direkt eine Kapitulation einzugehen, dann gibt er sich wieder Erwägungen hin, ob er den Schweizern folgen, oder sich den Bedingungen, die Ligny stellte, fügen sollte. Deshalb sandte Ligny in der Nacht vom 9./10. April noch einmal Boten an ihn, um ihn zu bestärken, dass er festhalte an den getroffenen Bestimmungen. Welches waren nun diese Bestimmungen, niedergelegt im sog. „Traktat von Novara"? Eine feststehende Überlieferung der in ihm stipulierten Punkte haben wir nicht. Was wir wissen, wissen wir aus dem Munde Lodovico's selbst und aus einer Randbemerkung Maximilian's zu dem Entwurf eines Vertrags zwischen dem römischen und französischen Könige.

Wie Lodovico erzählt, sei er verpflichtet gewesen, gegen eine jährliche Pension sein Herzogthum an Ludwig abzutreten und seinen ferneren Wohnsitz in Frankreich zu nehmen. Maximilians Worte lauten:.... Darauf soll er Hertzog Ludwigen und sein prueder Kardinal ledig lassen und dem Hertzog recompens tuen nach laut des Traktats von Novara.

Worin diese recompens bestanden, ist zweifelhaft, Lodovico selbst begreift darunter nur die Pension, die ihm zugestanden; Rebucco, ein freilich sehr unzuverlässiger Geschichtschreiber¹), will diesen Ausdruck so deuten, dass Lodovico künftighin Mailand als Lehen vom König von Frankreich nehme; es liesse sich vielleicht wohl auch eine Landentschädigung darunter verstehen. Denn der Ausdruck: le roy lui devoit donner en France, welchen Kindt

⁴) s. darüber die Quellenuntersuchung bei Kindt 23 f.
⁵) ibid. Fuchs 330.
¹) Vgl. Kindt 13 ff.

dahin übersetzt, Lodovico solle sich verpflichten, künftig seinen Wohnsitz in Frankreich zu nehmen (S. 30), scheint mir mit jener Bestimmung des Vertrages in Widerspruch zu stehen, welche ihm „die Freiheit aller seiner Bewegungen" zugesteht. Denn die Verpflichtung unter den Augen und der Aufsicht seines Todfeindes zu wohnen, lässt die „Freiheit" nun doch als sehr zweifelhaftes Geschenk erscheinen. Ein kleines Fürstenthum hätte ihm indess eine Entschädigung — denn das ist doch wohl unter recompens zu verstehen — für den Verlust seines Herzogthums gewährt und zugleich statt der papierenen Freiheit eine thatsächliche geschaffen[1].

Im Übrigen: Der Vertrag ist nie zur Ausführung gelangt, da die Franzosen Ligny die Oberbefehlshaberstelle in dieser Zeit absprachen[2] und der König sich auf den Standpunkt stellte, die Anerkennung des Traktats deshalb verweigern zu müssen, weil Ligny ohne Auftrag Politik getrieben habe. Zugleich verschwindet der Traktat aus der Geschichte. Bei den späteren Friedensschlüssen zwischen Maximilian und Ludwig XII. war wohl noch von Lodovico und einer Erleichterung seiner Gefangenschaft die Rede, aber dass der römische König seine dahingehenden Forderungen nachdrücklicher zu unterstützen, auf die Erfüllung des Traktats gedrungen habe, ist nirgendwo zu finden. Es muss ihm klar geworden sein, dass dieser rechtlich nicht bestehen konnte[3].

Kehren wir jetzt zur Schilderung der Ereignisse und der letzten Stunden Lodovico's zurück. Auf die Kunde von dem Abschluss des „Traktats" beschlossen die französischen Führer, welche Ligny das Recht zu irgend einer Abmachung bestritten, besonders Trivulzio, sich des Herzogs mit Gewalt oder List zu bemächtigen. Ein angesehener Albanese, der davon Kunde hatte, eilte zu Lodovico und beschwor ihn, sein Berberross, durch Stärke und Schnelligkeit gleich ausgezeichnet, zu besteigen; er werde dann sicher und ungefährdet nach Mailand gelangen, aber der Herzog lehnte ab[4]. Die Schweizer, welche den Herzog retten wollten, kamen am Morgen des 10. April in

---

[1] Kindt 30 ff.
[2] Kindt 32 f.
[3] Kindt 36,
[4] Verri 128.

sein Gemach und fanden ihn betend[1]) oder lesend[2]). Er
beachtete ihre dringenden Mahnungen nicht, die ihn zur Eile
anspornten. Nachdem sie ihm ein schlichtes Schweizerkleid
übergeworfen hatten, führten sie ihn mit sich, verbargen
ihn im dichtesten Haufen und suchten ihn auf diese Weise
unbemerkt aus der Stadt und durch die Reihen der Franzosen, die zu beiden Seiten Wache hielten, in Sicherheit
zu bringen[3]). Nun war es schwer, den Herzog, dessen
Gesicht bekannt war, theils durch die Schwärze, welche ihm
den Namen „Mohr" eingetragen, theils durch die zahlreichen
Münzen, welche mit seinem Bilde sich in Umlauf befanden,
erfolgreich zu verbergen[4]); aber es wäre dennoch geglückt,
hätte sich nicht unter den Schweizern ein Verräther gefunden, der auf den Herzog mit dem Finger deutete und
ihn so seinen Feinden überantwortete[5]). Als Lodovico entdeckt war, ritt der Baillif von Dijon auf ihn zu, zückte
sein Schwert und schlug es ihm flach über die Achsel, so
dass diese unwürdige Behandlung des mailändischen Fürsten
selbst den französischen Hauptleuten und Soldaten die
Thränen aus den Augen presste[6]). Zugleich trat Trivulzio
auf ihn zu und sprach: Sforza, Dir ist vergolten[7]).

Was nun diese letzte Aeusserung anbetrifft, so hat·
Kindt in seiner oft angeführten Dissertation (72 ff.) sie als
eine der Mythen bezeichnet, welche schon früh sich um
die Gefangennahme des Herzogs woben. Er führt zum
Beweise an, dass Jean d'Auton, ein sonst glaubwürdiger
Geschichtschreiber, von der Anwesenheit Trivulzios bei
der Gefangennahme des Herzogs nichts weiss, dass der
Panegyriker Kallimaco Siculo und Rebucco gerade das
Gegentheil melden und dass auch Morone dieser That-
sache in seinen Briefen keine Erwähnung thut.

Sehen wir uns diese Entlastungsbeweise etwas genauer
an. Was zuerst d'Auton betrifft, so befindet dieser sich mit

---

[1]) Ranke 130.
[2]) Nach Fuchs las Lodovico vermuthlich bei dieser Scene
den „Traktat". Vgl. Kindt 28.
[3]) Ranke 130.
[4]) Verri 129.
[5]) Fuchs 335. Zellweger bei Rusconi 93.
[6]) Fuchs 313.
[7]) Sfortia. vides quas a te accepi contumelias hand minore
mensura redditas. Ranke 131.

Trivulzio selbst in Widerspruch, der in einem längeren Schreiben an die Signorie die Gefangennahme Lodovico's schildert[1]). Dabei bedient er sich stets der ersten Person der Mehrzahl, z. B. „wir schlugen die Feinde zurück", „wir gestatteten freien Abzug" ..... „wir hielten die Schau (perlustravimus) über das feindliche Heer" (als Lodovico gefangen wurde), und er fügt hinzu: „Praetermisi de validissimi exercitus numero, quem princeps Ludovicus habebat, aliquid scribere, ne nimium placere nobis videmur." Daraus geht nun doch meines Erachtens zur Genüge hervor, nicht nur, dass Trivulzio sich den Hauptantheil an all dem Geschehenen zuschreibt, darauf kommt es ja hier weniger an, sondern dass er zugegen gewesen ist bei der „siegreichen" Schlacht bei Novara, zugegen bei den Verhandlungen ... zugegen also auch bei der Truppenschau, und so muss wohl das Zeugniss d'Autons, welches zu seiner Entlastung dienen sollte, zurückgewiesen werden.

Wir wenden uns jetzt zu der zweiten Quelle, die Kindt anführt, zu Kallimaco und Rebucco. Wir dürfen wohl auch, in Bezug auf Trivulzio, Rebucco zu den Panegyrikern rechnen, ohne seiner Stellung als Geschichtschreiber zu nahe zu treten; denn was die letztere anbetrifft, so können wir sie wohl am besten mit Kindts eigenen Worten zeichnen, der sein Urtheil „oberflächlich, parteiisch" nennt, ihn selbst „einen Mann, dem das wahre Wesen der Dinge verborgen blieb"[2]); was Rebucco als Panegyriker anbetrifft, so können wir uns wieder auf Kindts Worte stützen, der da schreibt „ ..... um so eifriger sprach er über die Dinge, deren strahlender Mittelpunkt für ihn immer die Gestalt Trivulzios war"[3]). „Gewöhnlich sind es persönliche Angelegenheiten Trivulzios, Aussprüche desselben, Züge von Edelmuth, meistens Heldenthaten des Marschalls, die er berichtet"[4]).

So ist die Behauptung, Rebucco sei in dieser Beziehung mit Kallimaco auf eine Stufe zu stellen, wohl haltbar, und wir können Rebucco widerlegen, indem wir Kallimaco widerlegen. Denn ein Hauptpunkt der Kindtschen Beweisführung ist der Zweifel, dass Kallimaco doch

---

[1]) San. 225 f.
[2]) S. 15.
[3]) ibid.
[4]) S. 16.

unmöglich in seinem Lobgedicht auf Trivulzio die Thatsachen auf den Kopf gestellt habe und „ein notorisch
brutales Betragen des Marschalls gelobt haben sollte."
Das klingt seltsam. Wem wäre nicht bekannt, dass Panegyriker die historische Wahrheit in ihren Fingern wie
weiches Wachs kneten, bis ein Bild zu Tage tritt, welches
ihren Helden zwar verherrlicht, aber von den wirklichen
Thatsachen keinen Zug mehr an sich trägt. Man vergleiche
doch nur die Gedichte der Hofpoetaster Ludwigs XIV.,
die dessen Raub- und Verwüstungskriege als Thaten
feierten, werth, von der fernsten Nachwelt gepriesen zu
werden; und ob der Sänger der „Borgiade" nicht oft
genug gezwungen wird, die Thatsachen auf den Kopf
zu stellen, um auch nur etwas halb Erträgliches zu singen,
ist doch wohl auch zweifellos. Es war eben das Italien
der Renaissance. Ein anderer Panegyriker, Assano, lässt
Trivulzio sogar Thränen vergiessen, als er das Opfer,
welches er durch die verwerflichsten Mittel zu Tode
gehetzt, wehrlos zu seinen Füssen sieht.

Was nun die vierte Quelle, Morone anbetrifft, so darf
man nicht vergessen, dass Morone keine Geschichte, sondern
einem Freunde briefliche Darstellungen gab; und wenn
Kindt aus dessen Schweigen einen kräftigen Beweis für
seine Behauptung herleitet, so können wir uns zur Wider-
legung wiederum seiner eigenen Worte bedienen: Aus
diesem Argumente ex silentio dürfen wir ohne weiteres
nichts schliessen [1]).

Der fernere Einwand, als habe eine solche Beschim-
pfung dem Charakter Trivulzio's fern gelegen, ist wohl
durch unsere Darstellung widerlegt und die Nachricht,
Trivulzio habe den gefangenen Herzog mit Kleidern versehen, wird nur von Rebucco als von jenem ausgegangen
überliefert [2]).

So glaube ich, dass eine Entlastung Trivulzio's von
dem Vorwurfe, seinen Herrn im Unglücke beschimpft zu
haben, durch die von Kindt angeführten Zeugnisse nicht
erbracht ist.

---

[1]) S. 67.

[2]) Die von Kindt angezogene Stelle bei San. III. 241 lautet:
e (Trivulzio) manda il signor Lodovico, vestito d'oro a la francese,
in Franza. Daraus geht nun doch nicht hervor, dass Trivulzio
es gewesen ist, der die Kleider gesandt hat.

Nachdem man Lodovico gefangen und vor seinen
Augen mehrere seiner treuesten Anhänger erschlagen hatte
(sehr rücksichtsvoll ward er also nicht behandelt), führte
man ihn und die drei Brüder Sanseverino: Galeazzo, Fracassa
und Antonio mit geschorenen Köpfen ins Gefängniss, wo
man den Herzog der Hut der Grafen von Ligny und
Tremouille anvertraute[1]).

Und hier war es, wo Ligny, der Mitleid fühlte mit
seinem unglücklichen Verwandten, ihm die Kleider, welche
den Herzog unter dem Gewande eines Knechtes bergen
sollten, abnehmen und die Zeichen seiner Würde anlegen
liess. Bis zum 17. April blieb er im Gefängniss. Dann
wurde er, begleitet von Tremouille und 300 Reitern nach
Frankreich gebracht. Noch blieb ihm eine harte Prüfung.

In Asti, wo er vor wenigen Jahren mit dem Könige
Karl von Frankreich herrliche Tage verlebt hatte, wartete
sein der Pöbel. Mit Schimpfworten und höhnischen Zu-
rufen verfolgte die Menge den unglücklichen Mohr, ja, sie
würde ihn thätlich angegriffen haben, wenn nicht die
Franzosen den Herzog geschützt hätten.

Der Eindruck, den diese Erniedrigungen auf Lodovico
machten, war ein furchtbarer; die Schamröthe stieg auf
seiner Stirne empor, sein Auge füllte sich mit Thränen,
sein Herz drohte zu brechen. In Susa fühlte er sich dermassen erschöpft und ermattet, dass man die Reise nach
Frankreich unterbrechen musste[2]).

Sein Bruder Ascanio, der in den Tagen des Glanzes
um ihn gewesen, der, als der Stern Lodovico's zu erbleichen
begann, nur auf die Rettung des Bruders bedacht war,
Ascanio sollte auch den Sturz und die Gefangenschaft
Lodovico's theilen.

Auf die Nachricht von seiner Gefangennahme, war
der Kardinal aus Mailand entflohen, aber von venetianischen
Reitern eingeholt worden. Alexander VI., der auf die
Kunde von der Ergreifung Lodovico's ausgerufen hatte:
„Wo ist der Bote, der die Nachricht brachte? Man gebe
ihm 100 Dukaten"[3]) und nun vergass, dass er nur durch
Ascanio's Bemühungen „Papst, Pontifex, Vikar Christi"

---

[1]) Fuchs 313 f.
[2]) Verri 130. Rusconi 99.
[3]) Burch. Diar. III. 35.

geworden, forderte von der Signorie bei Strafe des Bannes die Auslieferung des Kardinals, Venedig indess übergab ihn Ludwig XII.[1]). Lodovico aber führte man weiter als Gefangenen nach Frankreich. Am 2. Mai war er in Lyon[2]). Dort befand sich der König. Als diesem die Gefangennahme Lodovico's gemeldet worden war, hatte er Freudenfeuer anzünden, Dankprozessionen und Gebete veranstalten lassen; nicht nur in Lyon — ganz Frankreich sollte Theil haben an dem Jubel des Sieges, den der französische König über den Herzog von Mailand davongetragen. Auch betete er viel und in tiefster Demuth, um dem König der Könige zu danken (regràciant le Prince des Princes) für die Hülfe, welche er ihm bei der Eroberung des Herzogthums so sichtbar gewährt! Etwas im Widerspruch mit dieser Demuth steht die Selbstberäucherung Ludwigs, der die Eroberung Mailands mit dem Siege Scipios über Afrika, Karl Martells über die Sarazenen u. s. w. zu vergleichen weiss[3]).

Lodovico baute auf die Grossmuth seines Ueberwinders. Er trug sein Unglück mit Stärke, weil er hoffte, der König werde Achtung und Mitleid mit seinem Missgeschick empfinden, er werde ihn sehen wollen und ihm eine Wohnstätte anweisen, seiner Stellung angemessen. Nichts von alledem traf zu, und das warf ihn zu Boden. Es bemächtigte sich seiner dann allmählich jene Ruhe, welche der stoischen Philosophie eigen, deren Grundsätze er schon in früher Jugend zu den seinen gemacht hatte[4]).

Mit der Grausamkeit, welche schwache Charaktere besitzen, und nie war ein Fürst schwächer als jener, den man mit Unrecht den Vater seines Volkes genannt hatte, liess Ludwig seinen unglücklichen Gefangenen in die Felsenmauern von Loches einschliessen[5]).

Ascanio, der ebenso wie Lodovico in Lyon unter dem Zusammenlauf einer ungeheuren Menge eingebracht war, wurde von dort nach Bourges in den Kerker geführt[6]).

---

[1]) Gregorovius 310 f. 440.
[2]) San. III. 320 ff.
[3]) Jean d'Auton bei Zeller 113. San. 256. St. Gelais bei Zeller 113. 114.
[4]) Varillas 70.
[5]) Müntz, Revue des deux mondes 1891. 144.
[6]) Jean d'Auton bei Zeller 118.

Ein Jahr lang blieb er dort in Gefangenschaft, dann wurde er auf Verwendung des Kardinals Amboise begnadigt und lebte am französischen Hofe, bis ihn das nächste Konklave 1503 nach Rom rief[1]). Und als nach dem kurzen Pontifikate Pius' III. Julius II. zum Papste gewählt war, da erachtete Ascanio seine Aufgabe in Rom erfüllt, und er wollte zurück nach Frankreich. Der Papst verbot es ihm. Von nun an war er unaufhörlich thätig für Wiederherstellung des Herzogthums Mailand, doch er starb zu früh, um seine Ziele erreicht zu sehen: bereits am 28. Mai 1505 und wurde unter grossen Feierlichkeiten beigesetzt[2]).

Weit weniger glücklich war Lodovico, auf dessen Gefangenschaft etwas näher einzugehen noch gestattet sein möge.

Das unterirdische Gelass, in welches der Herzog eingeschlossen ward, übertrifft noch heute die schlimmsten Erwartungen des Besuchers, dem kahle Felsblöcke als Wände entgegenstarren, der als Fussboden die nackte Erde erblickt[3]).

Und dort sass nun der Fürst, der sich noch wenige Jahre zuvor gerühmt hatte: Der Papst ist mein Kaplan, Kaiser Max mein Condottiere, Venedig mein Kämmerer, der König von Frankreich mein Courier, der da kommen und gehen muss, wie es mir beliebt — und sah sich der verzehrendsten Langeweile, den quälendsten Gedanken preisgegeben. Da erinnerte er sich der glänzenden Tage seines Hoflebens, er, der Perikles seiner Zeit, wie man ihn nannte und er gedachte der Künstler, die bei ihm Schutz und Förderung erfahren. Und besonders trat ihm die Gestalt Leonardo's da Vinci[*]) vor die Seele und in der Einsamkeit seines Gefängnisses griff er selbst zum Pinsel, und die kahlen Kerkermauern wurden ihm zur Staffelei und sie haben seine Bildwerke treu bewahrt.

Nicht immer verschloss er sich der Klage, aber er trug sein Schicksal mannhaft. Noch heute liest man unter

---

[1]) Rosmini III. 273.
[2]) Ratti 79. 80.
[3]) Müntz 144.
[*]) Beim Einzuge der Franzosen musste Leonardo da Vinci, der auf ruhige Schaffensmusse in Mailand gerechnet hatte, die Stadt verlassen. Vgl. Trattato della pittura, XXXV f.

einem seiner Bildnisse, welches er in dem Halbdunkel seines Kerkers gemalt, die Worte: „Mein Wahrspruch in der Gefangenschaft sei, mit Geduld mich zu wappnen, um die Leiden zu ertragen, welche man mich ertragen heisst[1]).

Erinnerung und Sehnsucht sprechen aus diesen Gemälden. Denn wo auch immer sein Bild zu schauen, stets sehen wir das Haupt vom Helme bedeckt, als dünke er sich wieder Herzog und führe die Seinen hinaus zum Kampf.

Vieles von dem, was er in diesen Stunden der Gefangenschaft gemalt, ist der Zeit zum Opfer gefallen, nur eine Wand ist ziemlich unberührt geblieben; dort schauen wir ihn wieder, diese Adlernase, diese leicht aufgeworfenen Lippen, dies etwas vorstehende Kinn und nicht ohne Bewegung können wir die Worte der Unterschrift lesen: „Celui qui net pas contan"[2]). Unmittelbar daneben sehen wir auf weissem Grunde rothe Sterne und lesen in blauer Schrift die verwitterten Worte: A fortune je ne pa . . . . Derselbe Gedanke der Resignation, der aus diesen Silben spricht, wiederholt sich noch einmal . . . plaindre me d . . .[3]) Noch einer Inschrift, kennzeichnend für den Geist und die Stimmung Lodovico's, sei hier gedacht: „Das ist ein weiser Mann, der das Glück fürchtet"[4]). Mehr denn ein Jahr hatte Lodovico in diesem Kerker gesessen, da ward seine Haft erleichtert, hauptsächlich auf Maximilians Verwendung[5]), bald indess wieder auf ein möglichst kleines Mass beschränkt[6]).

Und in dieser Zeit, wo ihm der Strahl mässiger Freiheit leuchtete, erwachte in ihm eine Sehnsucht den französischen König zu schauen.

Ein Gedicht, welches er in diesem Gefühle an einen der Thürme eingrub, spricht diesen Wunsch aus und be-

---

[1]) Je porte en prison pour ma devise, que je m'arme de pacience par force de peines que l'on me fait porter. Rusconi 100.
[2]) Rusconi 102.
[3]) ibid.
[4]) A. Qui. Ne. Crent.
   For. Tune. Nct. P
   As. Bien. Saige.
[5]) Varillas 137.
[6]) Fuchs II. 11. 32. Kindt 35 f.

dauert tief, dass der Herzog Krieg habe führen müssen, gegen den, mit welchem er gern in Frieden gelebt haben würde. Es sei zu beklagen, dass die Verhältnisse die Erfüllung seines Wunsches so gar schwer machten [1]).

Wenn man nun bedenkt, dass von all jenen Versprechungen, welche Ludwig hinsichtlich Lodovico's dem deutschen Könige gegeben, keines in Erfüllung ging, als dass er ihm ein wohnlicheres Gemach anwies und ihm gestattete, in Begleitung einer Wache in frischer Luft sich zu ergehen, dann lernt man den Werth jener Lobrede ermessen, welche auf Ludwig XII. gehalten, über die Gefangenschaft des Mohren sich also äussert: „Die göttliche Gnade hat durch ein besonderes Beispiel zeigen wollen. dass Eure Rechte unbestreitbar seien (!), so dass . . . . Ihr den Lodovico Sforza besiegtet, der geflohen war auf der Reise nach Lyon [2]), aber gefangen wurde, ehe es ihm gelang, weiter zu entkommen, und dann in eine schöne und berühmte Stadt geführt wurde, wo er wohl bewacht ward von jenen Leuten, die ihm mehr zur Ehre als zur Beaufsichtigung beigegeben [3]).

So beschloss denn der Herzog sein Leben in der Gefangenschaft, und zwar war das Hinscheiden eines Mannes, der einst Europa's Augen auf sich gelenkt, ein so unbemerktes, dass das Jahr, in welchem er gestorben, nicht feststeht. War es 1508, 1509, 1510? Alle drei Zahlen werden von den Chronisten überliefert.

Auch das Grab des Mohren kennt man nicht. Die Überlieferung, dass er im Chore der Schlosskapelle zu Loches beigesetzt, begegnet vielfachen Zweifeln, so dass

---

[1]) Je. men. repens. cela. ne. vavlt. rien.
Car. iai. volv. ioindre. mon. coeur. av. tien.
Pour. mon. plaisir. et, ic. tai. faict. la guerre.
Si ne. te. dois. desurmais. plus. reqverre.
Quant. vovlente. me. faire. avlcvn. bien.
Trop. de. peine. evx. a. trover. le. moyen.
Parler. a. toi. cherchant. ton. entretien.
Que. iai. trove. difficile. a. conqverre.
                    Rusconi 107.
[2]) Rusconi 99.
[3]) Revue histor. 1890. 54. 55.
[4]) Rusconi 104.

Niemand zu sagen vermag, wo der müde Mann seine Ruhestätte gefunden. Berechtigt ist deshalb des Dichters Wort:

Er ruht
In fremdem Boden ein verlorner Staub[1*]).

---

[1]) ibid.

.... e sia
in suol straniero un'obbliata polve.
(Niccolini.)

*) Über seinen Tod und seine Ruhestätte vgl. die Anmerkung bei Magenta I. 559 f., welche Bezug nimmt auf einen Aufsatz von Gautier („Etudes historiques et pittoresques"), welcher die Annahme, dass seine Gebeine im Chor der Schlosskirche beigesetzt seien, als sicher hinstellen zu können glaubt.